广东省佛开高速公路南段
（三堡至水口段）改扩建工程
代建制项目管理实践

姚学昌 ◎ 主 编

董国伟 张荣利 杨 飞 ◎ 副主编

人民交通出版社股份有限公司

北 京

内 容 提 要

本书共5篇。第1篇总述广东省佛开高速公路南段改扩建项目概况、项目管理模式和项目主要相关方及项目团队建设。第2篇从介绍项目建设总体理念入手,按照项目推进历程分别总结阐述了在总体理念指导下,项目代建制的工程可行性研究修编、勘察设计以及项目实施阶段方案优化的有效措施与成效。第3篇重点介绍了代建制下项目实施难点的推进,总结了项目征地拆迁阶段的用地保障、项目招标阶段的总体策划与项目交通转换及施工组织三个方面的有效措施。第4篇从项目管控要素视角,总结了项目的进度、质量、安全和造价等关键要素的管控方法及有益经验。第5篇阐述了科技创新、信息化等对佛开高速公路南段改扩建项目的助力,总结了项目代建制的亮点及主要成果。

本书案例能够适应多个层次的需要,可作为相关人员进行案例学习或实操训练的参考用书。

图书在版编目(CIP)数据

广东省佛开高速公路南段(三堡至水口段)改扩建工程代建制项目管理实践 / 姚学昌主编. — 北京:人民交通出版社股份有限公司, 2022.10
ISBN 978-7-114-18235-8

Ⅰ.①广… Ⅱ.①姚… Ⅲ.①高速公路—改建—道路工程—项目管理—广东②高速公路—扩建—道路工程—项目管理—广东 Ⅳ.①U418.8

中国版本图书馆 CIP 数据核字(2022)第 180931 号

Guangdong Sheng Fokai Gaosu Gonglu Nanduan(Sanpu zhi Shuikou Duan)Gaikuojian Gongcheng Daijianzhi Xiangmu Guanli Shijian

书　　　名:	广东省佛开高速公路南段(三堡至水口段)改扩建工程代建制项目管理实践
著 作 者:	姚学昌
责任编辑:	赵瑞琴
责任校对:	孙国靖　宋佳时
责任印制:	刘高彤
出版发行:	人民交通出版社股份有限公司
地　　　址:	(100011)北京市朝阳区安定门外外馆斜街 3 号
网　　　址:	http://www.ccpcl.com.cn
销售电话:	(010)59757973
总 经 销:	人民交通出版社股份有限公司发行部
经　　　销:	各地新华书店
印　　　刷:	中国电影出版社印刷厂
开　　　本:	787×1092　1/16
印　　　张:	10.5
插　　　页:	1
字　　　数:	262 千
版　　　次:	2022 年 10 月　第 1 版
印　　　次:	2022 年 10 月　第 1 次印刷
书　　　号:	ISBN 978-7-114-18235-8
定　　　价:	48.00 元

(有印刷、装订质量问题的图书,由本公司负责调换)

《广东省佛开高速公路南段(三堡至水口段)改扩建工程代建制项目管理实践》编审委员会

主编单位：广东省公路建设有限公司佛开高速公路南段改扩建项目管理处

北京公科固桥技术有限公司

主　　编：姚学昌

副 主 编：董国伟　张荣利　杨　飞

编　　委：(按姓氏笔画为序)

　　　　　王　剑　王辰杰　刘　志　吴博鹏　李怀雷

　　　　　郑晓华　周松川　黄沛聪　谢　峻　廖　军

编　　审：刘　志　陈云亮

前　言

项目代建制最早起源于美国的建设经理制（CM制）。我国推行项目代建制以来，越来越多的政府投资项目、大型企业工程项目采用了代建制，取得了显著成效，同时也存在一些问题。本书选取广东省佛开高速公路南段改扩建工程建设项目（简称"佛开高速公路南段改扩建项目"），对其实施代建制项目管理实践的有益经验进行总结、提炼，以期为工程项目推行代建制提供启示和借鉴，为我国工程项目代建制的优化和提升提供参考案例。

佛开高速公路是粤西地区的主要交通通道。随着经济的快速发展，三堡至水口段既有双向四车道的道路通行能力几近饱和，交通拥堵严重、交通事故数量大幅攀升，改扩建势在必行、迫在眉睫，佛开高速公路南段（三堡至水口段）改扩建项目应运而生。

根据项目要求及特点，项目采用代建制。项目确立了以创建"品质工程"为核心，创建"高效、质优、安全、畅通"工程的总体目标，提出了以党建引领为根本，通过全局统筹、风险管控、精益管理和科学创新实现协同发展、互利共赢的项目管理理念；项目以良好的整体策划方案与科学统筹的管理办法为基础，通过精益管理打造"多快好省"工程、四方联动保障"安全畅通"工程、科技创新驱动"高品质"工程、绿色环保实现"零污染"工程。

项目始终以质量为核心，实施创新驱动发展战略，多种措施相结合，充分利用技术手段促进度、保质量、保安全，实现了工程实体质量好，安全管控到位，最终打造了项目的有序、环保、绿色节能，保证了零安全事故、行车通畅。项目以精益管理理念和方法为指导，通过制定标准化流程、实施精细化管理、科学合理优化关键施工时序、严格过程检查、技术和经济相结合等措施，按照"好中求快"的管控原则，统筹利用一切可以利用的条件，集中优势资源，克服各种不利条件，最终落实"高效"的建设目标，用两年半时间完成了原计划三年半的改扩建任务，实现了改扩建项目投资费用不超概算；以奋斗定义了新时代岭南速度，用创新塑造了粤港澳大湾区全优奇迹；为缓解交通拥堵压力、支撑地区经济发展作出了巨大贡献。

编　者
2022年10月

目 录

第1篇 起而行之 真知灼见立潮头

第1章 项目概况及管理模式 ··· 3
  1.1 项目概况 ··· 3
  1.2 项目管理模式 ·· 6

第2章 项目团队建设与沟通管理 ··· 10
  2.1 项目团队组建 ··· 10
  2.2 项目主要相关方 ··· 13
  2.3 项目组织沟通管理 ·· 13
  2.4 项目团队建设与组织沟通经验总结 ································· 16

第2篇 谋篇统筹 厚积薄发奠基础

第3章 项目建设总体理念 ·· 19
  3.1 先进理念做指引 ··· 19
  3.2 目标确立定方向 ··· 22
  3.3 多元措施做保障 ··· 22

第4章 项目工程可行性研究修编阶段的设计深化 ······················ 24
  4.1 公路改扩建项目的工可修编方案优化 ····························· 24
  4.2 项目工可方案优化经验 ··· 26

第5章 项目勘察设计阶段的方案优化 ······································ 28
  5.1 项目勘察阶段的全线详勘 ·· 28
  5.2 项目设计阶段的方案优化 ·· 30
  5.3 项目详勘和深化设计的经验总结 ··································· 32

第6章 项目实施阶段的方案变更与优化 ··································· 33
  6.1 项目实施阶段的主要方案优化及成效 ····························· 33

6.2 项目实施阶段方案优化成效及经验总结 ································ 38

第3篇 蓄势待发 全局准备定乾坤

第7章 项目征地拆迁阶段的用地保障 ································ 41
7.1 征地拆迁的主要工作部署 ································ 41
7.2 项目征地拆迁的举措和成效 ································ 43
7.3 项目征地拆迁阶段合作共赢的经验总结 ································ 45

第8章 项目招标阶段的总体策划 ································ 46
8.1 项目招标总体策划 ································ 46
8.2 全过程合同管理流程策划 ································ 49

第9章 项目交通转换及施工组织 ································ 54
9.1 交通转换及施工组织的统筹策划与部署 ································ 54
9.2 大交通流量下施工的交通转换方案设计 ································ 58
9.3 大交通流量下施工组织的保障措施 ································ 61
9.4 项目大交通流量下施工的成效及经验总结 ································ 68

第4篇 整合管理 精准管控势如虹

第10章 项目进度管理 ································ 73
10.1 进度管理目标与计划编制 ································ 73
10.2 项目进度控制的主要措施 ································ 83
10.3 项目进度控制的成效及经验总结 ································ 86

第11章 项目质量管理 ································ 88
11.1 项目质量管理框架 ································ 88
11.2 项目质量管理措施 ································ 94
11.3 项目工艺创新及施工亮点 ································ 97
11.4 项目质量验收结果及管理经验总结 ································ 101

第12章 项目安全管理 ································ 102
12.1 安全管理目标及风险预控分析 ································ 102
12.2 安全管理实施效果及经验总结 ································ 104

第13章 项目造价管理 ································ 107
13.1 造价管控的目标及原则 ································ 107
13.2 全过程造价管控的措施和亮点 ································ 108

13.3 造价管控的成效及经验总结 ··· 114

第5篇 科技助力 多元手段固成效

第 14 章 项目科技创新 ··· 119
　14.1 公路改扩建工程施工技术创新 ··· 119
　14.2 边通车边施工安全技术创新 ··· 123
第 15 章 项目档案管理及信息化建设 ··· 125
　15.1 项目档案管理 ·· 125
　15.2 项目信息化建设 ··· 129
第 16 章 项目总结及主要成果 ·· 132
　16.1 项目改扩建亮点 ··· 132
　16.2 项目主要成果及奖励 ··· 134

附　　表

附表 1 工程概况及主要技术经济指标(费用数据仅供参考) ······························ 137
附表 2 佛开高速公路南段改扩建项目管理制度汇编 ··· 140
附表 3 佛开高速公路南段改扩建项目各标段现场道路总体规划 ··························· 141
附表 4 佛开高速公路南段改扩建项目总体进度分析表 ·· 143
附表 5 佛开高速公路南段改扩建项目各标段交地情况及主要部署 ························ 149
附表 6 项目档案管理工作标准 ·· 150
附表 7 电子化档案移交文件清单 ··· 151
参考文献 ·· 154
后记 ·· 155

第 1 篇

起而行之　真知灼见立潮头

佛开高速公路位于粤港澳大湾区核心区内，地处珠江三角洲中西部地区，是粤西地区的主要交通通道。犹如一条蜿蜒曲折的飘带，佛开高速公路连接了经济发达城市佛山和"中国第一侨乡"江门，连通了珠三角的核心区域，搭建了佛山与江门两地以及与周边地区沟通互联的桥梁，推动了区域内的经济交流与文化融合。

粤西地区是广东省政府重点培育的新经济增长极。环北部湾经济圈的提出使得粤西地区成为投资的一片沃土。作为粤西主要交通通道扩容的佛开高速公路南段改扩建项目，在国家高速公路网和广东省高速公路网中具有重要的地位和作用，对提高粤西地区交通运输能力，对粤西地区、环北部湾地区的经济发展有着重要意义。

第1章 项目概况及管理模式

1.1 项目概况

1.1.1 项目背景

2012年12月26日,继广佛高速公路之后又一条正式建成通车的双向八车道高速公路——佛开高速公路谢边至三堡段(图1-1)改扩建完成,佛开高速公路成为粤西南片区的黄金走廊和最为重要的交通大动脉。随着佛开高速公路谢边至三堡段的建成,周边地区交通便利性迅速得到提升,产业不断优化升级,沿线城镇日益繁华靓丽,为佛山、江门两地经济社会的发展提供了强有力的支撑。

图1-1 佛开高速公路谢边至三堡段

然而随着经济的快速发展,佛开高速公路车流量急剧攀升,佛开高速公路三堡至水口段既有双向四车道的道路通行能力几近饱和,交通拥堵严重,交通事故数量也大幅攀升。交通不畅通,出行不便利,严重制约着佛山、江门两市区域经济的发展,佛开高速公路的末段道路从"黄金走廊"变成"拥堵黑点"。因此,佛开高速公路南段(三堡至水口段)改扩建项目势在必行、迫在眉睫。

1.1.2 项目意义

佛开高速公路南段改扩建项目的提出体现了区域交通从战略发展到民生便利的重大转变,主要意义如下:

(1)改扩建项目是落实国家"十三五"现代综合交通运输体系建设规划的重要举措。

国家《"十三五"现代综合交通运输体系发展规划》确定了到2020年基本建成安全、便捷、高效、绿色的现代综合交通运输体系,部分地区和领域率先基本实现交通运输现代化的目标。广东省政府深入贯彻落实国家"十三五"现代综合交通运输体系建设规划,提出实施区域协调发展战略,实现珠三角地区优化发展和粤东西北地区振兴发展,强化珠三角交通一体化发展,补齐粤东西北交通短板,切实增强珠三角聚合力和辐射力,积极推进落实粤东西北区位条件的战略目标,努力完善各项工作。

佛开高速公路南段的改扩建是广东省政府补齐粤东西北交通短板,切实增强珠三角聚合力和辐射力,完善国家与省高速公路网络的需要;是积极改善粤东西北区位条件,落实国家"十三五"现代综合交通运输体系建设规划的重要举措。

(2)改扩建项目是带动珠江三角洲地区经济快速发展的坚实基础。

交通运输能够促使一个地区的资源优势转变为经济优势,是经济发展的"先行官"。"要想富,先修路"说明交通运输对经济发展的重要作用和深远影响。高速公路是经济发展的大动脉。一方面通过投资活动,可以有效扩大需求,拉动经济增长,推动社会发展;另一方面,作为基础设施,对周边的人口、经济等有显著的优化、促进作用,对资源开发、商品流通、横向经济联合等也有着积极的推动作用。

为改变广东省经济发展不均衡状况,推进珠江三角洲地区区域经济一体化,促进粤东西北地区经济的发展,需要创造条件,充分发挥欠发达地区的资源优势、地区优势,带动全省区域经济协调发展。作为通往粤西南重要通道的佛开高速公路,对其进行改扩建,是统筹协调、进行资源要素优化配置、打造粤西经济增长极的需要,为有效建立协调发展新格局、带动环珠江三角洲地区快速发展奠定坚实基础。

(3)改扩建项目是解决交通拥堵、便利人民生活的有力措施。

随着国民经济的迅猛发展和人民生活水平的逐渐提高,交通运输发挥着越来越重要的作用,占据着越来越重要的地位,多样化的交通方式对生活和经济的影响也越来越大。公路、铁路以及航空等运输方式的普及以及不断提升的速度等级,极大地缩短了时空距离,拉动了内需、促进了消费,提高了经济效率和出行便利性,也有效地提升了生活的舒适度和生活品质。

作为粤西主要交通通道的佛开高速公路,初建时是双向四车道,建成后缓解了周边的交通压力,改善了出行方式,对周边经济发展起到了很好的拉动作用。然而随着区域经济的融合发展,佛开高速公路车流量急剧攀升,道路通行能力几近饱和。2013年佛开高速公路三堡至水口段日均车流量已达到6万辆次以上,节假日高峰期甚至高达13万辆次,成为广东省高速公路有名的交通拥堵"黑点"。为解决交通拥堵问题、带动区域经济发展,同时更好地服务周边民众,佛开高速公路的改扩建迫在眉睫。

1.1.3 项目基本情况

佛开高速公路南段改扩建项目,路线起点为原佛开高速公路K46+600,连接已扩建的沈阳至海口国家高速公路谢边至三堡段,沿佛开高速公路原线途经雅瑶、共和、司前、址山等镇,终点K79+864与开阳高速公路水口立交相接,全长33.264km,其中含改扩建互通式立交3处、新建分离式立交3处、服务区1处,拆除重建大桥303.235m/1座,改扩建中、小桥1357m/51座,加宽通道及涵洞135座,天桥1338.34m/46座,路基土石方工程263.2209万m^3,特殊处理路基24.198km,路基排水圬工8.4677万m^3,路基防护圬工12.6735万m^3,路面工程87.1372万m^2,全线共征用土地1560亩❶,批复概算34.26亿元。

佛开高速公路南段改扩建项目采用高速公路技术标准,设计速度120km/h,新建工程设计荷载公路—Ⅰ级;整体式路基标准宽度为42.0m(八车道)和49.5m(十车道),其中起点到共和立交段、平连立交到终点段八车道路基标准宽度为42.0m,共和立交到平连立交段十车道路基标准宽度为49.5m;地震动峰值加速度系数0.05g/0.1g。其他技术指标按《公路工程技术标准》(JTG B01—2014)执行,工程概况及主要技术经济指标见附表1。

1.1.4 项目特点难点

佛开高速公路南段改扩建项目主要特点难点分析如下:

(1)沿线遗留问题复杂,拆迁难度较大。

佛开高速公路南段改扩建项目沿线地区经济比较发达,管线、建筑等障碍物较多,村民及政府对拆迁诉求较高,协调难度大。经过项目的初步物探发现,项目沿线公路包含有电力、通信、供水、供油、燃气及军用光纤等管线,其中通信塔4座、石油及燃气管道长5.5km、国防光缆长18km等。除此之外,佛开高速公路以往建设期的遗留和运营期产生的问题,以及目前开工所涉及的改路、改沟方案(如:新会路段"沙冲村佛开高速公路征地配置法人股"及"佛开高速公路与司前镇石名村土地置换"问题;运营期的通道排水、通道净空问题等;在交地阶段的私自提高改路、改沟标准等)等一系列问题,都增加了征地拆迁难度,极大影响项目征地拆迁工作的开展。

(2)交通不分流,边通车边施工,交通运输安全和保畅压力大。

佛开高速公路南段改扩建项目位于交通拥堵"瓶颈"段落,地处交通重地,社会关注度高,确保正常通车是项目必保的重任之一。这就要求项目改扩建全过程施工必须维持佛开高速公路主线双向四车道通车,即要求施工与通车并行,采用不分流、边通车边施工的改扩建方式。同时,为完成改扩建任务,佛开高速公路南段改扩建项目需要多次交通转换,多座通道涵洞加长施工时需同时维持行人、车辆通行,涵洞基础需分幅或搭建栈桥跨越施工,协调因素多。这些都极大增加了安全和保畅通管理的难度,交通运输安全压力大。

(3)施工作业面狭窄,大型设备难以开展作业,施工组织难度大、工期管控压力大。

佛开高速公路南段改扩建项目处于交通干线,受现场条件限制,施工作业面狭窄,单侧仅

---

❶ 1亩=666.67m^2。

加宽8.75m,严重影响施工作业设备的选择,大型设备难有用武之地。加之边通车边施工的要求,给现场施工管理带来了很大的挑战,需要通过高效的施工及交通运输组织设计,方可满足项目施工工期和质量的要求。

(4) 新旧路基及桥涵间存在沉降差异,施工质量控制难度大。

佛开高速公路南段改扩建项目扩建沿线新拼接路基与运营了20多年的旧路基间存在密实度、强度等差异,导致两者拼接后难免会产生一定的工后沉降差;同时新旧路基拼接沉降差的控制也非常重要和困难,如果沉降差过大会引起路面局部沉陷或开裂,从而影响行车安全,所以沉降差的控制技术措施标准高、质量要求严,项目的施工质量控制难度大。

(5) 旧路既有结构物病害多,安全风险高,造价控制难。

佛开高速公路南段改扩建项目前期排查发现,既有线结构物病害问题较为突出,路基、路面、桥涵等结构存在较多的质量或安全隐患,施工过程中有可能会诱发既有结构安全问题,安全风险高。同时,由于不可预见因素多,无法在施工前明确具体的处治方案,工程造价控制难。

(6) 连接粤西与大湾区核心主要通道,绿色环保、文明施工要求高。

佛开高速公路南段改扩建项目将珠三角经济发达城市佛山与"中国第一侨乡"江门相连,所处地理位置决定了工程项目的环保要求的高标准,项目施工必须站在区域的角度重视绿色环保,在工期紧张的情况下,现场文明施工、绿色施工压力较大。

1.2 项目管理模式

1.2.1 常见工程项目管理模式

工程项目管理模式是指在整个工程项目实施过程中各参与方相互作用、联系的方式或框架,它反映了项目参与各方在项目管理中的地位、作用和介入项目的程度。常见的工程项目管理模式主要有:

(1) 工程建设指挥部。

指挥部是我国特有的政府投资重大工程时建设单位的管理模式,从20世纪60年代初开始实行至今,仍是常见的工程建设组织模式。工程建设指挥部是为组织协调某项建设工程而设置的临时议事协调机构,由项目主管部门从本行业、本地区所管辖单位中抽调专门人员组成,在指挥部内部,一般设立若干职能处(室)。对一些投资规模大、协作关系复杂的大型项目,在指挥部之上还要成立由中央部门或地方主要领导参加的领导小组。工程建设指挥部全面负责从项目建设前期工作开始,直到投产验收的组织管理工作。工程建设指挥部组织形式如图1-2所示。

(2) 项目法人责任制。

我国于1996年开始实行项目法人责任制,根据《关于实行建设项目法人责任制的暂行规定》(计建设〔1996〕673号),国有单位经营性基本建设大中型项目在建设阶段必须组建项目法人,项目法人可按《中华人民共和国公司法》的规定设立有限责任公司(包括国有独资公司)和股份有限公司等形式。凡应实行项目法人责任制而没有实行的建设项目,投资主管部门不予批准开工,也不予安排年度投资计划。根据《关于实行建设项目法人责任制的暂行规定》(计建设〔1996〕673号),新上项目在项目建议书被批准后,应由项目的投资方派代表组成项目法人筹备组,具体负责项目法人的筹建工作。在申报项目可行性研究报告时,须同时提出项目法人的组建方案,在项目可行性研究报告被批准后,正式成立项目法人。其中,国有独资公司需由投资方负责组建董事会,国有控股或参股的有限责任公司、股份有限公司需设立股东会、董事会和监事会。根据建设项目的特点,项目法人可聘请项目总经理(项目经理单位),负责组织编制项目初步设计(简称"初设")文件,组织工程设计、施工监理、施工队伍和设备材料采购的招标工作,组织工程建设实施及建成投产后的生产经营及项目后评价等。建设项目法人责任制组织形式如图1-3所示。

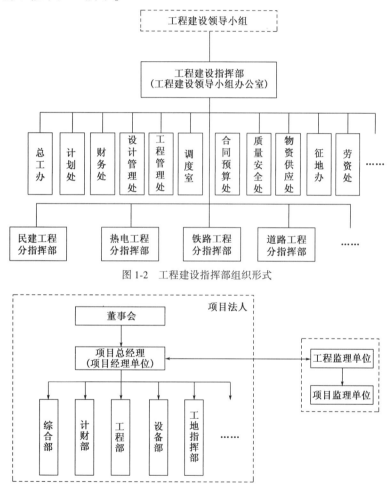

图1-2 工程建设指挥部组织形式

图1-3 建设项目法人责任制组织形式

(3)工程建设代建制。

根据《国务院关于投资体制改革的决定》(国发〔2004〕20号)要求,对非经营性政府投资项目要加快推行"代建制"。代建制是指政府通过招标等方式,选择专业化的项目管理单位(简称"代建单位")负责项目的投资管理和建设组织实施工作,严格控制项目投资、质量和工期,竣工验收后移交给使用单位的一种建设组织管理模式。代建单位按照合同约定代行项目建设的投资主体职责,作为业主的代理人,其工作职责仅限在业主授权或委托范围内,通过为项目业主提供专业的管理服务,收取报酬以及从项目管理节余中来获取盈利。代建制组织形式如图1-4所示。有关行政部门对实行代建制的建设项目的审批程序不变。

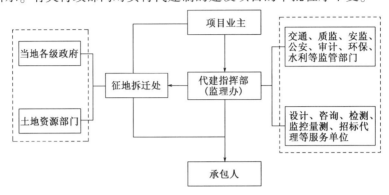

图1-4 代建制组织形式

国际上,代建制在20世纪70—80年代兴起,起源是美国的项目管理模式(Construction Manager,简称CM模式),即为项目业主提供工程管理服务的一种模式,后又演化为风险型CAR(Construction Agent at Risk)模式和代理型CA(Construction Agernt)模式。

1.2.2 项目代建模式适用性分析

所有的项目管理模式均是为符合业主对项目的特性管理,而且每个管理模式都各有优势、劣势及适用范围。常见项目管理模式适用范围及优缺点比较分析见表1-1。

常见项目管理模式适用范围及优缺点比较　　　表1-1

项目管理模式	适用范围	优点	缺点
工程建设指挥部	大中型工程建设项目,主要是以政府派出性质的工程建设指挥部形式对项目建设进行的管理和监督	①权威性强,决策指挥直接有效; ②可以依靠行政手段协调各方面的关系,有效解决征地、拆迁等外部协调难题,调配项目建设所需要的设计、施工队伍和材料、设备等	①通常不是独立的经济实体,缺乏明确的经济责任制; ②是一个临时机构,专业人才易流失; ③过于强调管理的指挥职能,忽视了客观经济规律的作用和合同手段
项目法人责任制	政府财政性投资经营性项目	①产权清晰,权责明确,政企分开,管理科学; ②投资主体多元化,筹资方式市场化、国际化; ③自负盈亏,集约经营,追求经济效益,便于落实还贷责任	①项目管理责任范围比较大; ②项目建设资金责任大
工程建设代建制	政府财政性投资非经营性项目	①项目决策更加科学深入; ②项目管理水平和工作效率大幅提高; ③有利于控制投资,保证工程质量; ④政府对项目监督力度更加规范有力	①代建单位履行职责的法律环境尚不健全; ②各地代建模式标准不一致,比较混乱

从表1-1对常见工程项目管理模式的适用范围和优缺点比较可以看出,工程建设指挥部、项目法人责任制及工程建设代建制均是政府投资性项目的管理模式。其中项目法人责任制适用于政府投资的经营性项目建设管理,而代建制适用于政府投资的非经营性项目,主要是公益性项目。另外,指挥部和项目法人责任制在项目建设中出现的比较早,使用体系也比较成熟,而代建制是近些年政府鼓励使用的一种管理模式,在项目建设中的发展也逐渐成熟。

1.2.3 本项目代建管理模式选择分析

佛开高速公路是国家高速公路网规划"二纵"沈阳至海口国家高速公路的一段,三堡至水口段是其中的一段。根据前面的项目特点难点分析,佛开高速公路南段改扩建项目需重点关注以下两点:

(1)项目施工复杂性高,交通运输安全风险大,对设计施工管理经验要求高。

项目全长33.264km,其中最初设计含大桥446.9m/1座,中、小桥949.9m/38座,涵洞129道,互通立交2处。由于地处珠江三角洲平原水网区域,面临着高温多雨、水网密集、软基分步广泛等诸多不利的区域环境,加上软土分布面积广,不良地质路段较长等情况,使得项目的施工难度较大,环境不确定因素多,工程变更控制难度大,对业主项目管理人员各方面的专业要求比较高;同时该项目是高速公路改扩建项目,且实行"边通车边施工"的交通组织模式,对项目的交通安全管理工作的要求非常高,需要业主项目部配有超强的既懂设计、施工,又懂交通运输安全的改扩建方面的专业技术和管理人员。

(2)项目拆迁难度大,利益相关群体多,对管理沟通协调能力要求高。

项目地处城镇化高度集中的珠三角腹地,公路沿线的城市率较高,相关利益群体多,征地拆迁的难度也十分巨大;同时项目地处交通重地,道路的交通流量大,项目在施工过程中的交通组织管理工作也面临着空前的挑战。众多因素都决定了项目管理人员在征地拆迁、工程技术和施工管理上要具有超强的协调能力和管控能力,这就业主项目管理提出更高的专业化水平的要求。

据此,结合常见项目管理模式适用范围及优缺点比较,采用专业化本地队伍的代建机构无疑可以更好地满足佛开高速公路南段改扩建项目的特点和管理需求,因此佛开高速公路南段改扩建项目采取代建制。

第 2 章　项目团队建设与沟通管理

良好的团队建设是项目成功的关键第一步。优秀的领导、明确的职责分工、专业的团队人员、完善的管理制度、合作奋进的团队文化为企业开篇布局奠定基础。

2.1　项目团队组建

佛开高速公路南段改扩建项目具有技术要求高、工况复杂、实施难度大等特点,为保证项目实施质量,有效控制投资,加快实施进度,项目采用代建模式,委托广东省公路建设有限公司(简称"公司")进行建设管理,通过具有丰富经验和良好信誉的专业化团队确保项目目标的实现。代建方下设项目管理处,根据项目的工程管理模式与特点组建项目团队,在业主授权或委托范围进行项目的全过程管控,全面推进项目的实施,对项目投资、质量、安全和工期负责。

2.1.1　团队组织结构

项目管理处由工程技术部、计划合同部、安全管理部、财务管理部和综合事务部五个职能部门组成。项目管理处组织机构如图 2-1 所示。

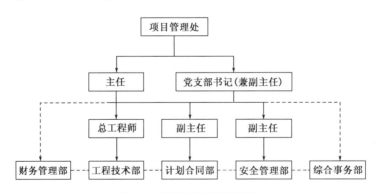

图 2-1　项目管理处组织机构图

2.1.2　团队人员构成

考虑到项目特点难点,在项目管理处人员编制上,公司配备了综合素质高的项目管理人员,力求精简高效、一岗多职。人员编制精简到 38 人,比同等规模其他公路改扩建项目减少 10% 以上。

首先,精选了5位拥有丰富路桥经验的企业正副职人员组成了项目领导班子(表2-1),其中4人具有路桥专业高级职称。专业化领导队伍,为项目顺利开展保驾护航。项目领导作为项目团队成员的引领者,处处以身作则、立足岗位、抓实工作、亲力亲为,深入施工现场,与一线员工进行深度交流,把梦想根植于岗位之中;他们的脚步遍布全线,印刻在了公路沿线的每一寸土地上。

佛开高速公路南段改扩建项目领导班子及分工　　　　　　　　　　　表2-1

岗位/职务	专业技术职称	分　工
主任、党支部副书记/企业正职	路桥高级工程师	主持全面工作,分管财务管理部
党支部书记兼副主任/企业正职	土建高级工程师 执业监理工程师	主持党支部全面工作 分管综合事务部
副主任/企业正职	路桥高级工程师	分管计划合同部
副主任/企业正职	路桥高级工程师	分管安全管理部
副主任兼总工程师/企业副职	路桥高级工程师	分管工程技术部

选拔了一批素质高、技术扎实、执行力强的中青年骨干加入团队。整个团队具备硕士学位以上的人员6人,本科学历18人,大专学历4人,高中及以下学历共有10人(表2-2);项目管理人员年龄主要为30~40岁,共有20人,占管理人员的一半以上;管理人员中工程技术人员占比以及具有高、中级以上专业技术职称人员的人数占工程技术人员总数的比例均超过70%。充满活力的技术导向型专业队伍,为项目的稳步推进奠定了基础。

佛开高速公路南段改扩建项目管理人员学历分布　　　　　　　　　　表2-2

部　门	硕士	本科	大专	高中	职中	初中	总计
计划合同部	0	3	0	0	0	0	3
工程技术部	4	6	0	0	0	0	10
安全管理部	1	1	2	0	0	0	4
财务管理部	1	4	0	0	0	0	5
综合事务部	0	4	2	5	1	4	16
总计	6	18	4	5	1	4	38

2.1.3　团队职责分工

为了更好发挥团队力量,挖掘各部门优势资源,高质量完成项目任务,项目管理处为计划合同部、工程技术部、安全管理部、财务管理部、综合事务部五个部门进行了明确的职责划分(表2-3)。

佛开高速公路南段改扩建项目各部门职责分工　　　　　　　　　　表2-3

部　门	主要职责	详细工作
计划合同部	负责项目计划、合同、招标等工作	①负责招标、计划统计、合同管理、造价管理、法律事务、计量支付管理、材料管理、交(竣)工验收及结算工作; ②参与工程变更及其他与工程建设相关的管理工作

续上表

部　　门	主要职责	详细工作
工程技术部	负责项目技术、质量、征地拆迁、进度、科研及档案等施工管理工作	①负责工地现场管理,组织审查技术方案和工程变更,组织召开工作协调会,参与月度工地检查,组织编写工程技术总结等工作; ②负责项目征地拆迁管理工作,施工区域遗留问题的解决及与地方关系的协调工作
安全管理部	负责项目的安全生产及交通组织管理工作	组织安全生产教育的培训、各类安全质量检查,落实安全生产及与交通组织相关的各项具体工作
财务管理部	负责会计核算及财务管理工作	负责包括项目的会计核算、资金管理、税务管理、财务内部控、预算编列和筹措资金等工作
综合事务部	负责党团、行政、后勤等管理工作	①负责党、团、工会与宣传工作; ②负责行政、后勤、人力资源管理及信息化建设等工作

2.1.4 文化制度建设

(1)制度方面。"没有规矩,不成方圆",规章制度是项目成员配合协同、促使项目成功的重要保证。项目管理处从成立伊始,领导班子以党建为核心,以创建"品质工程"和"高效、质优、安全、畅通"为目标、理念,强化制度建设。借鉴以往项目管理成功经验的同时,结合改扩建工程难特点,迅速出台了一系列规章制度文件,并在项目推进过程中不断完善。佛开高速公路南段改扩建项目管理制度由多方面内容构成,主要包括项目重大事项的决策、管理沟通、合同管理、工程技术、项目计划、进度及质量保障、安全生产管理、双标管理、绩效考核、财务管理、人事及后勤管理等方面(清单详见附表2)。完善的制度体系,为项目的规范有序开展奠定了坚实的基础。设立健全制度的同时,通过采取项目班子成员带头学习、集中学习、个人自学、组织讨论等多种学习形式,使项目管理处全体人员从内心深处敬畏制度,严格执行,自觉维护制度,以保证项目有序推进。

(2)文化方面。项目管理处将公司"至臻建设"的企业文化核心理念贯穿于项目团队文化建设中,强化党员干部带头作用,突出敢打硬仗、勇于拼搏的团队精神。党员干部经常深入生产一线,随时解决项目中出现的问题(图2-2),做到关键问题不过夜,随时跟进落实。综合管理部为一线项目管理人员创造良好的工作和生活环境,打造相亲相爱一家人的团队氛围。

图2-2 深入一线解决问题

2.2 项目主要相关方

佛开高速公路南段改扩建项目采用代建制,主要相关方见图2-3;业主为广东省高速公路发展股份有限公司佛开分公司,代建方为广东省公路建设有限公司,下设佛开高速公路南段改扩建项目管理处(简称"项目管理处")负责项目的建设实施,并委托湖南省交通建设质量监督试验检测中心进行试验检测,广东华路交通科技有限公司进行监理。项目设计方为广东省交通规划设计研究院股份有限公司,施工方为中铁隧道局集团有限公司、广东省保利长大工程有限公司、中铁十八局集团有限公司、中交第一航务工程局有限公司、北京汉威达交通运输设备有限公司、广东新粤交通投资有限公司,共设一个监理合同段、一个试验检测合同段、四个土建施工合同段和两个通信管线迁改施工合同段。

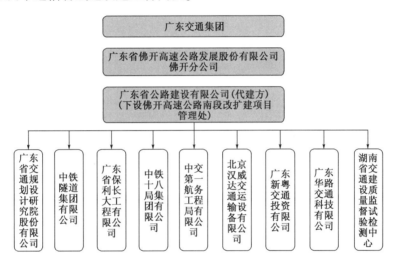

图2-3 佛开高速公路南段改扩建项目主要相关方

2.3 项目组织沟通管理

2.3.1 内部沟通机制

集体决策和健全的会议沟通制度强有力地保障了项目管理处在内部沟通环节的畅通和高效。

(1)集体决策机制。为科学决策,项目管理处建立了"三重一大"事项决策机制(图2-4),"先党内,后提交"等决策制度,坚持集体研究、集体决策。除遇重大突发事件或紧急情况外,均需按规定程序决策,即必须经领导班子以会议形式集体决策,不得以会前酝酿、传阅会签、碰头会或个别征求意见等方式代替集体决策。

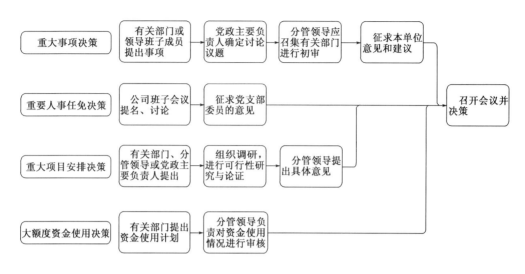

图 2-4 "三重一大"事项决策机制

（2）会议管理制度。为了提高项目管理效率，强化组织内部沟通，项目管理处建立了会议管理制度（表 2-4），明确各类会议的负责部门：公司经营班子会议、党支部会议、综合办公会和专题办公会由综合事务部负责会务工作；其他专题业务会议会务工作由承办部门牵头组织，综合事务部配合。公司召开的各类会议，由各业务部门报分管领导批准，并报综合事务部备案以便统筹安排；提倡少开会、开短会，开会切实解决问题，会议精心安排，严密组织，保证会议质量和效率，达到会议预期目的。

各类会议信息　　　　　　　　　　　　　　　　表 2-4

类　　别	频　　次	内　　容
公司经营班子会议	每月/按需	总经理通报公司总体经营情况；经营班子各成员通报各自分管工作的情况；研究讨论公司生产经营工作中的重大问题；讨论通过公司总经理推荐的内设部门正职人选并报建设公司批准；决定聘任或解聘公司部门副职（含副职）以下的管理人员的任免和调配；讨论公司章程中规定的其他需要讨论的问题
综合办公会议	每月	听取各部门的工作汇报，协调各部门的工作，明确下一阶段的工作目标
专题办公会议	按需	对若干业务工作的专题讨论以及对专项工作的检查、汇报等
其他专题业务会议	按需	包括各种招投标会议、专家咨询会议及其他经公司领导批准的会议等
党支部大会	每月	支部学习、传达上级党组织的有关文件精神、民主评议党员、研究讨论党员发展等
支委会	每月	党支部支委学习、讨论有关发展党员、党支部年度工作计划及其他需要党支部研究决定的事项等

(3)快捷沟通信息群。为了能及时快捷沟通,充分利用智能手机通信优势,搭建包括参建各方质量管理相关责任人员在内的"佛开南改扩建项目品质工程群",极大方便了质量管理工作的开展及相关信息的传达,做到随时随地快速解决问题。

2.3.2 外部沟通模式

本项目以代建方为中心,通过构建多方协同联动机制(图2-5),共同保障项目推进。

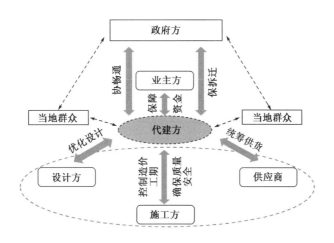

图2-5 以代建方为中心的多方协同联动机制

(1)通过代建方与政府的积极沟通,使得项目的征地拆迁工作、交通畅通保障工作进展顺利,为提升施工进度、保障安全畅通奠定了良好的基础。

(2)通过代建方与业主的积极沟通,确保业主及时了解项目情况,缩短审批时间,使得年度资金拨付能及时满足需求,为项目资金流提供了重要保障。

(3)通过代建方与设计方的积极沟通,既能充分利用代建方在改扩建项目上的经验,形成业主主导的设计优势,又能使代建方深度融入项目的前期施工设计之中,尽早优化和调整施工部署,高效处理设计变更,为项目的顺利推进奠定了基础。

(4)通过代建方与施工方的积极沟通,在施工组织总设计的基础上,制订了详细又科学合理的各专项施工作业计划,既从整体上保持全线均衡生产,又满足各专项任务的施工要求,及时有效地为施工单位提供全方位的技术支持,对在施工过程中可能遇到的政府沟通、材料供应、周边民众等问题及时制定对策,做到问题沟通不过夜,有效保障了项目的顺利推进。

(5)通过代建方与供应商的积极沟通,采取代建方与供应材料厂商直接对接的方式,对项目材料进行集采,确保在行业施工高峰时间段紧俏材料、设备按时供应,缓解了施工单位材料供应短缺、购买难度大的状况,解决了施工单位的后顾之忧,为项目的顺利进行打下了坚实的基础。

(6)通过代建方与当地居民的积极沟通,了解当地居民基本诉求,积极与政府相关部门协商,优化拆迁和改扩建方案,尽量降低拆迁工作对当地居民生活的负面影响,消除当地居民对建设安全和生活保障的担忧。

2.4 项目团队建设与组织沟通经验总结

（1）党建领航，党员干部勇当探路者。项目管理处制定了推进落实《广东省加强党的基层组织建设三年行动计划（2018—2020年）》实施方案，坚持党建引领，实施"4+1"工作模式法，创新工程模式，树立党建标杆。即以推进党员领导干部能力建设工程、党组织凝聚力工程、党员先锋工程和人才培养工程"四大工程"为主要载体，树立"一个标杆、一面旗帜"，探索树立有自身特色的改扩建工程模式，为公司的经营发展开拓新的发展方向，通过开展"书记项目""开路先锋工程"等特色活动，发挥党建在项目全过程中的旗帜引领作用。

（2）拼搏务实，项目领导甘当拓荒者。项目管理处的领导班子配备完善，拥有丰富的路桥建设经验，专业技术职称均为高级工程师。领导班子以身作则，身先士卒，事事亲力亲为，发挥项目领导团队的专业化管理能力，将满腔热血熔铸于佛开高速公路南段改扩建项目之中，为本项目的顺利开展与良好运行打下了坚实的基础。

（3）精干高效，团队成员争当实干者。项目管理处人员编制虽仅有38人，但通过细化职责、有序分工、合理安排、密切配合，做到"做实事，不窝工"，采用PDCA管理模式❶，有效提高效率、避免错误。整个工程"计划先行，实施为本"，项目上下勠力同心，实现精干高效。

（4）立体沟通，多方协同创品质工程。项目从内部到外部开展全方位、立体化的沟通机制。通过建立较为完善的内部沟通机制，能够及时有效地处理项目团队成员的工作问题；通过采取一系列的外部沟通措施，充分发挥政府、业主、其他项目相关方的资源和实力，共同推进项目实施。

---

❶ PDCA管理模式共4个环节，即计划（Plan）、执行（Do）、检查（Check）和处理（Action）。

第 2 篇

谋篇统筹　厚积薄发奠基础

　　运筹帷幄，决胜千里。对错综复杂、种类繁多的工作，需要运用统筹兼顾的思想，以全局的观念提前进行统一筹划。佛开高速公路南段改扩建项目与新建项目相比，施工过程中的变化与复杂性更高。如果没有良好的整体策划方案与科学统筹的管理办法作为基础，则很难确保工程质量与后期运维。只有运筹帷幄，才能为项目的高效实施、建设目标的充分实现提供保证，才能克服重重困难，解决各种难题。

　　博观细取，厚积薄发。为了满足人民群众便利出行的需要，为了粤港澳大湾区人民的幸福生活，为了彰显国企单位的责任与担当，勇敢的"佛开人"将梦想植于心中，将责任担在肩头。项目团队根据项目总体目标、内外部条件，从建设管理理念入手，结合倒装工程可行性研究（简称"工可"）、优化勘察设计方案、协同推进征地拆迁用地、总体策划招标方案和优化部署交通运输组织方案等措施，对项目进行全局统筹策划、总体分析、风险管控，为项目全面推进奠定了坚实的基础。

第 3 章 项目建设总体理念

理念来源于实践,又指导实践,项目管理理念是项目实践活动成果提炼和总结的精髓。先进、科学的项目管理理念是指导项目可持续发展的指路灯,是引导项目管理团队行为的原则,是进行统筹规划、协同开展项目各项工作的基础,也是正确理解和执行项目管理要求、高效达成项目目标的保证。明确理念有利于具体工作的细化与实施。

3.1 先进理念做指引

为统一思想,更好地指导项目建设工作的开展,佛开高速公路南段改扩建项目结合项目要求和特点,总结并确立了项目管理理念,以党建引领为基本思想,通过统筹规划、风险管控、协同发展、互利共赢为项目目标的实现提供了基础保证。

3.1.1 党建引领立根本

坚持党的领导是进行社会主义建设的根本原则,是提高党员干部的凝聚力、向心力、战斗力,高质量地完成各项任务的根本保证,也是提升企业综合实力、实现资产保值增值的关键。佛开高速公路南段改扩建项目在实施全过程中,项目管理处始终以党建引领为根本,以加强党支部的执政能力、党员的先进性和纯洁性的建设为主线,以高质量的党建工作助推项目管理工作的有序开展;以坚定理想信念宗旨为根基,以调动党员积极性、主动性、创造性,发挥党员先锋模范作用为着力点,充分发挥党建在项目全过程中的旗帜引领作用,为高质量地实现项目目标,实现珠三角地区优化发展,便利人民生活保驾护航。

项目管理处建立了"4+1"工作模式法,以"四大工程"建设为主要载体,通过树立标杆、总结经验等方式探索有自身特色的改扩建工程模式;坚持党的领导,建立了"先党内,后提交"的"三重一大"等决策机制,为项目实施保驾护航;建立了"书记项目""交地工作党建项目"等,在征地拆迁过程中,实行一岗双责,强化书记的"第一责任",发挥党员先锋模范作用,针对拆迁方案积极出谋划策,带领群众攻克征地拆迁工作的堡垒。

3.1.2 全局统筹策划先

项目系统性、多相关主体的特性,使得统筹规划尤显重要。通过统筹规划,可以对错综复杂、种类繁多的工作提前进行统一部署,从全局观念、站在总体角度对项目的各项工作进行系统、全面的计划安排,避免条块分割,集中优势资源攻坚克难,提高资源的整体利用效率。统筹策划既是项目管理工作的龙头,也是多方协同、共赢的基础。

佛开高速公路南段改扩建项目通过统筹策划,从项目全生命期视角制定项目各阶段目标,统一部署各阶段工作内容,做到前后阶段有效衔接,逐层将工作任务分解并实施,在高质量完成工程项目任务的同时,缩短了工期,有效保证了项目进度目标的实现。

首先,将项目建设期与项目运营期统筹考虑,有针对性地将一些遗留隐患在建设期解决掉,避免出现以往类似改扩建项目留尾巴现象。其次,在项目建设全过程中,统筹协调各阶段的工作内容,尽可能将后续工作内容提前至前一阶段,做到工作倒装、提前介入。如在工可阶段,提前进入现场,做好充分调研,利用工可修编机会,提出了大量的细化方案,为初步设计和施工图设计高质量完成任务奠定基础。在勘察设计阶段,高度重视现场勘察工作,结合现场实际情况,针对以往改扩建项目历史遗留问题,提出了大量设计优化方案,使施工图设计方案得到更深层次的优化和调整,实现了倒装工可、深化初设的目的,将方案变更提前至设计阶段,避免设计漏洞的出现,有效降低了施工过程中发生变更的可能性。在施工阶段,提前分析项目在边通车边施工情况下各施工环节可能影响进度、质量、安全等的关键点,做好交通运输方案与施工组织统筹规划,做好施工各环节、各相关方的有效衔接。

3.1.3 风险管控预研判

工程项目受外界不确定因素影响较大,具有很高的风险性。提前对项目的风险进行识别,提前做好应对措施,可以有效避免不良影响造成的损失。

遵从凡事预则立,不预则废的基本原则,佛开高速公路南段改扩建项目管理处高度重视风险管理,充分对项目周围环境进行调研,利用以往的改扩建经验,在项目的工可修编、初步设计、施工图设计、开工准备阶段和施工过程中均对风险征兆进行有效识别,防患于未然,有针对性地采取技术、经济、组织、管理等方面的措施,进行风险防范、转移及降低,提高了项目管理效率与效益。

建立三重评审制度对方案进行把关,通过不同人员参与的三个层次的核查/会审/审查,进一步管控设计风险,减少设计错漏;通过加强设计交底工作,加强设计与现场的沟通,降低重要的部位、关键工序的问题,保证施工的顺利进行。对于可能因施工影响的交通组织和安全问题,提前预判项目的安全风险,提早制定多方联动的交通安全应急响应预案,确保项目的交通安全。以提前预控和过程管理为重点,严格审核过程中变更数量、单价及依据,为实现项目"不超概"目标提供助力。

3.1.4 精益思维贯始终

精益管理源自精益生产(Lean Production),是衍生自丰田生产方式的一种管理哲学,要求各项活动都要运用"精益思维"(Lean Thinking)。"精益思维"的核心就是以最小资源投入,包括人力、设备、资金、材料、时间和空间,准时地创造出尽可能多的价值,为顾客提供新产品和及时的服务。实施精益管理是为了提高顾客满意度、降低成本、提高质量、加快流程速度和改善资本投入,使组织社会性的价值实现最大化。

佛开高速公路南段改扩建项目建设环节多、难度大，为实现项目的社会效益和经济效益最大化，以精益思维贯彻项目始终，对每个环节实施精细化管理。结合管理精细化要求和项目特点，提出工可方案的关键要点和工可修编方案优化要点，提升了后续的工可方案的修编效率与质量；建立标准、流程，规范各项管理、施工活动，提高管理/施工效率；通过每个环节节约/改善一小步，达成整个项目节约/改善一大步的目标，为提高质量和效率、降低成本奠定坚实基础。

3.1.5 协同合作谋共赢

协同发展、共享共赢是我国新常态背景下的经济发展新特点、新趋势，是不同组织或者个体相互协作完成某一目标、达到共同发展的双赢效果，是实现社会可持续发展的基础。资源的有限性与市场需求的无限性促进了组织对资源利用的外向化，项目管理的成功不仅要依托于项目管理团队自身的力量，更应当与相关利益主体协同发展。

佛开高速公路南段改扩建项目涉及的相关主体众多，只有协同多方主体、合作共赢才能真正做到项目的成功。为更好地推进项目进程，项目管理处积极与各方协同沟通，在统筹规划阶段与项目各方就其相关工作、责任进行了分析，明确了相互之间的关系以及各自角色要求，为项目工作的协同有效开展、多方共赢以及各方的可持续发展奠定基础。对涉及面广、难度大的拆迁工作，项目管理处先与地方政府沟通、协商达成共识，妥善解决地方民众诉求，及时化解地方矛盾；在工可及初设阶段，提前与地方政府沟通，达成地方"三改、遗留问题"等协议，形成相应的设计方案图纸，避免后期施工的变更；在项目施工阶段，鉴于边通车边施工的特殊情况，积极与交通、路政协同，对于可能因施工影响的交通组织和安全问题，提前策划，反复推演交通运输组织设计，制定交通安全应急预案，确保项目的交通安全；在施工旺季，与各承包商及时沟通，通过项目管理处对紧俏物资进行集中采购，执行统一部署、高标准严要求，形成快速供应保障机制；通过设置节点奖励，每月进度款项实行"一次计量两次支付"甚至"两次计量"等办法，加快支付流程，保障施工单位资金需求，有利推动了项目的进程。

3.1.6 科学创新促发展

科学技术是推动人类社会向前发展的重要因素，创新是引领发展的第一动力，是企业的利润的源泉，科学技术创新始终是推动社会发展的源泉、动力。科技创新成果的推广应用，将大大提高行业的发展水平。在激烈的市场竞争中，唯创新者进，唯创新者强，唯创新者胜。抓创新就是抓发展，谋创新就是谋未来。

佛开高速公路南段改扩建项目牢牢抓住科技创新的这一发展动力，在项目建设全过程的各个环节，加大创新力度，采用科技手段解决疑难问题，为项目快速推进、创建全优品质工程打下了坚实的基础。在勘察设计阶段，利用先进的物探技术，精准勘察线路地下情况；在设计阶段，采用路堑边坡坡口线弧化处理，创新项目设计理念，将自然与工程相融合，展现工程与自然和谐共生之美；在施工阶段，针对旧路病害问题，采用高分子注浆、增设抗裂贴等科学的技术手段对旧路病害进行全面、彻底处理；应用"海砂快速检验方法"创新材料检测技术，保证了雨季路基按期交工验收；针对雨季交工验收路基的极端不利的天气条件，科学提出并应用了路床顶面利用"水稳料补强"的技术方案,处理雨季路基交工验收中路床补强,为项目提前通车提供了技术与质量的保障;采用新泽西护栏永临结合方式,在确保安全、绿色施工的前提条件下,对旧物重复利用,最大限度地节约了资源,有效降低了建设成本。

3.2 目标确立定方向

目标是对活动预期结果的主观设想,是使命的具体化,是行动的方向,是项目在一定的时间内努力争取达到的状况。科学、明晰的目标有助于协调集体行动方向、引导成员行动统一、提高组织凝聚力、提升工作绩效、衡量工作业绩。

佛开高速公路南段改扩建项目根据合同要求,结合广东省区域协调发展战略及促进粤东西北地区经济发展和解决交通拥堵问题的需要,结合项目实施需要,在充分分析项目特点、难点以及考虑项目各方协同配合要求的基础上,确立了项目建设目标,并对目标进行了分解落实。

3.2.1 项目总体目标

以创建"品质工程"为核心,创建"高效、质优、安全、畅通"工程,力争创建代建项目示范工程、创建省级"平安工地"示范项目。

3.2.2 项目总体目标分解

(1)质量目标:交工验收分项、分部、单位工程质量合格率100%;竣工验收质量达到优良等级,综合评分90分以上;杜绝发生一般及以上质量事故,确保优良工程、争创优质工程。

(2)投资目标:严格控制规模,合理使用资金,有效控制资金的使用,将工程建设总投资有效地控制在批复概算以内。

(3)进度目标:计划工期3.5年,2017年6月开工,2020年12月底完工。

(4)安全目标:创建"广东省平安工地示范工程",实行"五零"安全目标管理,对安全责任事故零容忍。

(5)环保目标:以低碳节约、绿色环保、路面施工"零污染"为目标,最大限度保护原生态环境,满足环保、水保要求,节约土地资源,力争"品质工程"。

(6)廉政目标:确保党风廉政建设落到实处,保证建设资金的安全和有效使用。

(7)档案管理目标:档案专项验收达到"优秀"等级,力争"广东省重大建设项目档案金册奖"。

3.3 多元措施做保障

3.3.1 精益管理打造"多快好省"工程

精心组织,科学管理,打造"多快好省"改扩建工程。项目的高效体现在多个方面,多快好省是对项目的交期、质量和成本的要求,是建设项目的主要经济指标,也是项目实施的首要目标。佛开高速公路南段改扩建项目以精益管理理念和方法,通过制定标准化流程、实施精细化管理、科学合理优化关键施工时序、严格过程检查、技术和经济相结合等措施,按照"好中求快"的管控原则,"多快好省"地进行工程建设;通过精心组织、细化要求、高效、统筹利用一切可以利用的条件,集中优势资源,克服各种不利条件,打造"多快好省"工程建设项目;最终落实"高效"的建设目标,项目由最初计划3.5年工期缩短至2.5年竣工验收通车。

3.3.2 四方联动保障"安全畅通"工程

构建"高速公路边通车边扩建项目安全管理畅通机制"。项目的安全、畅通是相辅相成的,因此安全是畅通的前提。项目的安全包括施工过程的安全以及交通运营安全。佛开高速公路南段改扩建项目通过健全安全管理机构和相关制度,建立"高速公路边通车边扩建项目安全管理畅通机制",借助互联网+智能化交通指挥平台,构建"交警、路政、施工、业主"四方联动机制,合理优化交通组织方案中关键时序,在边通车边施工状态下,精心组织保通畅、保安全。

3.3.3 科技创新驱动"高品质"工程

项目的质优体现在最终的工程质量。高品质的工程质量离不开科学技术创新的支撑和推动。打造品质工程、绿色工程,应该坚持"技术先行"的原则,将具有创新性的施工工艺及标准应用于施工过程当中,充分利用技术手段促进度,保质量,保安全。佛开高速公路南段改扩建项目高度重视科技创新和技术对项目的支撑作用,实施创新驱动战略,加大研究力度,大力推广使用各种新技术、新工艺,用先进的工艺、工法和"微创新"技术保质量、保工效,通过技术手段支撑、科技创新驱动打造高品质工程。

3.3.4 绿色环保实现"零污染"工程

以"绿色、环保、低碳"理念打造品质工程。随着经济的快速发展,保护环境、保证社会的可持续发展成为越来越重要的责任,质优的工程应当满足绿色环保要求。佛开高速公路南段改扩建项目在实施过程中高度重视保护自然环境和社会环境,积极采取有效措施,以"绿色、环保、低碳"理念打造品质工程、绿色工地。土石方按照填挖平衡设计,沿线没有弃土场,绿色环保;对既有硬路肩合理加固利用,大大减少施工废料处理总量,低碳节约;首创新泽西护栏永临结合,避免浪费,造福当地百姓;通过微创新,将路堑边坡坡口线弧化处理,实现坡体整体景观与周围山体的自然融合;采用路缘石滑模工艺,优化路面附属工程施工工序,实现路面"零污染"施工,最终打造出环保、绿色、节能的优质工程,获得政府和群众的认可和赞誉。

第4章 项目工程可行性研究修编阶段的设计深化

公路工程可行性研究是公路建设前期工作的关键,是项目立项和后期施工图设计的重要依据。高速公路改扩建项目的可行性研究报告在既有的项目基础上,对交通量、沿线经济社会发展情况、沿线政府及居民诉求、现有路况、运营管理过程中存在的问题等进行详细调查和研究,从而提出合适的建设时机、建设方案。改建公路因原有公路使用多年,沿线主要地质病害已经发生或暴露,因此,其工可方案除对沿线地形、地貌、岩体的岩性、风化程度等进行调查以外,应重点对滑坡、泥石流、崩塌等不良地质地段进行调查,初步确定旧路利用程度和绕避不良地段的可能性。

4.1 公路改扩建项目的工可修编方案优化

项目管理处基于已有经验,应用精益理念,结合管理精细化要求和项目特点,提出了工可方案的关键要点和工可方案优化要点,为后续的工可方案的修编效率与质量提升奠定了良好的基础。

4.1.1 工可方案关键点

佛开高速公路南段改扩建项目工可方案关键点(图4-1)分析如下。

(1)关于项目建设的必要性。工可方案中,项目建设必要性和迫切性的论述表述应全面、重点突出,强化改扩建项目不可替代的功能和地位。

(2)关于交通量预测的准确性。工可方案中,项目交通流量的预测应以现有交通流量及增长情况为依据并结合周边路网情况,区分潜在交通流量、诱增交通流量及高峰交通流量等情况,综合考虑通道经济、最新的沿线规划、同城化推进带来的交通流量的增加及节假日免费带来的高峰交通流量等变化因素,结合项目所在区域路网交通流量分配情况、交通组织保障条件、工程实施对区域交通运输的影响等因素确定。

(3)关于工程方案的适应性。工可方案中,推荐的技术标准应适合该项目,路线起终点应明确,充分考虑地方发展需要,与地方政府充分沟通、协调,通过合理有效的措施进一步完善改造方案,投资估算符合部、省的编制办法要求和有关规定。

(4)关于交通组织问题的有效性。工可方案中,考虑到改扩建项目一般采用边通车边施工,交通保畅及安全尤为重要,易引起社会关注,因此在工可阶段应做专题研究,提出可行的交通组织措施,在社会稳定风险分析中应增加对交通通行影响的评价因子,做出合理评价及对策研究。

(5)关于用地问题的合理性。工可方案中,由于采用两侧加宽的高速公路改扩建方式,新增用地为改扩建后用地与现有用地范围之差,现有高速公路一般建设时间较早,受当时技术等手段限制,用地边界难以精确,可能存在部分边界与沿线居民用地存在权属不清问题。因此,新增用地面积宜按公路用地指标适当上限取值,避免出现新增用地面积在用地预审、用地指标等方面存在数值过小而需重新办理现象。

(6)关于既有高速公路调查问题的细致性。工可方案中,应根据沿线实际情况,开展社会稳定分析,充分调查、了解已运营高速公路沿线在运营管理过程中出现的、需要在改扩建时解决的问题,切实在改扩建项目中有效解决前序工程遗留问题。如:沿线部分通道不能满足现有生产力发展需求,农用机械无法通过问题,新增通道、新增互通问题,可结合社会稳定风险分析列出相关内容进行社会公众调查,做出合理判断;服务区节假日排队停车、加油、上厕所等带来的服务区布局、用地及建筑规模问题,原有设计标准、旧路病害等先天问题,需要详细调查、分析、研究,提出合理可行的方案,计列相关规模及费用。

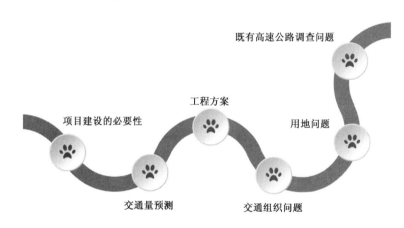

图 4-1　佛开高速公路南段改扩建项目工可方案关键点

4.1.2　项目工可方案优化要点

佛开高速公路南段改扩建项目工可方案优化要点(图 4-2)分析如下。

(1)强化建设必要性。佛开高速公路南段改扩建项目工可修编方案中,强化了关于本项目建设必要性和迫切性的阐述,阐明本项目是通往粤西地区乃至海南主要通道的功能和地位的不可替代性,重点说明本项目属于政府解决民生问题的特点。

(2)预测核实交通流量。佛开高速公路南段改扩建项目工可方案采用"四阶段"法进行交通量预测,考虑因素较为全面,因此修编时考虑了周边新建轨道交通项目对本项目交通流量的分流作用,进一步预测并核实了高峰小时系数等参数,调整了项目交通流量预测值。

(3)完善工程改造方案。佛开高速公路南段改扩建项目工可修编方案中,在对现有路面、桥梁开展全面详细的检测评估的基础上,进一步完善旧路路面及结构物的利用和改造方案。

(4)核验估算评价结果。佛开高速公路南段改扩建项目工可修编方案中,结合工程规模的调整和实际情况对投资估算进行了核查、调整;结合投资估算和交通流量的预测结果调整了经济评价结果;并根据《广东省高速公路改扩建管理办法(试行)》,补充核算了合理收费期限等相关内容。

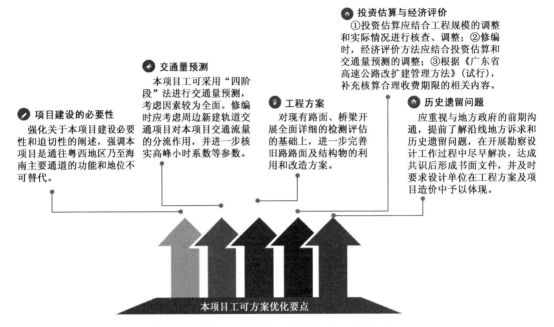

图 4-2　佛开高速公路南段改扩建项目工可方案优化要点

(5)提出遗留问题解决方案。佛开高速公路南段改扩建项目工可修编方案中,提前了解沿线地方诉求和历史遗留问题,与地方政府在项目前期积极沟通,利用修编机会,将遗留问题尽早提出,达成共识后形成书面文件,为后续勘察设计工作中工程方案及项目造价的细化打下了基础,有效减少了项目实施过程中可能产生的变更与纠纷。

4.2　项目工可方案优化经验

佛开高速公路南段改扩建项目工可方案优化经验总结如下。

(1)提高设计深度。以工可预评审意见为修编的基本方向,同时安排工程技术人员到项目现场核实工可中技术方案的可行性、工程数量的准确性以及地方诉求在工可方案中的落实情况,找出并纠正工可中的多项设计错误及遗漏,极大地提高了工可中设计内容的深度与准确性,基本实现工可修编版本的设计深度达到初步设计水平。

(2)加快核准进程。积极配合工程可行性研究代替部委审查单位的现场调研及汇报工作,尤其注重技术方案、工程量、造价上的解释工作,涉及争议的技术问题在调研现场得到解决,最大程度争取到审查单位的支持与信任,按时保质取得工可的相关审查意见,为项目按时核准争取宝贵时间。

(3)提前优化方案。在初步设计阶段邀请各路段路政大队长参与审查本项目交通组织设计,在交通组织预评审会议上提前暴露初步交通组织设计方案中涉及交通维护费用及影响运营、施工安全等方面的多个问题,并基本确定方案。

(4)达成各方共识。与广东省公安厅交通管理局、广东省交通运输厅基建部、广东省交通集团有限公司安全部、地方交警等单位及部门达成共识,在项目初步设计正式批复后成立本项目交通安全与管制领导小组,为本项目开工后的"保安全保畅通"目标奠定基础。

(5)减少征地拆迁纠纷。在与地方政府的接触过程中,项目管理处及时发现两项原佛开高速公路建设期遗留的问题,包括民间配售法人股集资未能上市或流转问题和土地置换问题。经与相关单位和权利人多次沟通,最终在项目管理处主持召开的专题会中明确了解决思路并予以执行,为开展征地拆迁工作扫除障碍,避免产生纠纷。

第 5 章　项目勘察设计阶段的方案优化

建设工程勘察的基本内容是工程测量、水文地质勘查和工程地质勘查。勘察任务在于查明工程项目建设地点的地形地貌、地层土壤岩性、地质构造、水文条件等自然地质条件资料,做出鉴定和综合评价,为建设项目的选址、工程设计和施工提供科学可靠的依据。

5.1　项目勘察阶段的全线详勘

5.1.1　勘察阶段的全线详勘的内容与作用

根据改扩建公路项目勘察目的不同,勘察阶段可由浅及深分阶段地进行全线详细勘察(简称"全线详勘"),内容包括:可行性研究勘察、初步勘察、详细勘察以及施工勘察(图 5-1)。其中,详细勘察由于对深度的要求比较详细,点位更多,数据比较准确,因此其成果能很好地满足施工图设计的要求。根据改扩建公路项目的特点,详细勘察需要提出详细的岩土工程资料和设计、施工所需的岩土参数,同时要对建筑地基作出岩土工程评价,并对地基类型、基础形式、地基处理、基坑支护、工程降水和不良地质作用的防治等提出建议。

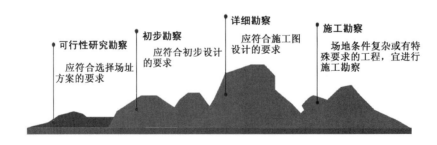

图 5-1　项目勘察阶段流程

通过全线详勘中的地物地貌调查、测量、地质钻探、地下管线物探、旧路桥检测等工作,优化勘察方案中通道(涵洞)钻孔量及深度、物探方案等;弥补边坡、软基布孔方案的不足;修改完善改沟改路方案及征地拆迁内容,对地方要求增设天桥、改造桥跨及修缮通道等要求充分论证,完善手续,提前将费用纳入征地拆迁预算。将全线详勘中关键技术研究与工程实践有效结合,可有效破解维持现有交通流的情况下实现高速公路改扩建的一系列技术难题。

5.1.2 项目全线详勘的具体做法

在项目全线详勘阶段,除设计单位调查现场外,项目管理处充分利用了改扩建项目现有地形优势,组织第三方监理单位及自有技术力量对项目途经路线进行详细现场调查,重点对技术方案的现场可行性、与既有结构物尺寸的吻合性、工程和征地拆迁数量的准确性以及地方诉求在设计方案中的落实情况进行核查,调查结果与设计单位互相校核,纠正多项设计中有关结构设计、改沟改路及征地拆迁等事项的设计遗漏或缺陷。主要工作内容和具体做法如下:

(1) 严格监管保质量。

勘察过程中项目管理处要求设计单位高标准、分阶段编制外业勘察工作大纲,安排专人审查大纲内容的针对性、对营运安全的保证及相关会议纪要的落实情况等内容,由专人监督外业勘察工作的进度与质量,过程中多次协调解决外业工作与运营安全的冲突,做到高边坡、桥涵位置的业主技术人员现场终孔率达到100%,其他钻孔100%上传终孔视频,有效保证了实地外业勘察质量。

(2) 全面协同补遗漏。

除严格审查勘察工作外,在现场地形地貌地物调查时,项目管理处采取驻地监理全面监管项目的勘察工作。设计院先行,项目管理处与监理提前介入、核查补充,严把地质勘察关。项目管理处在全面摸清项目用地及周边地形、结构物、管线等可能对项目施工造成影响的因素之余,分阶段安排项目管理处工程技术人员及驻地监理结合设计图纸进行了2次、历时1个多月的全线核查,对项目拟扩建路段周边改沟改路、管线征地拆迁等结构物进行实地调查和校正,多次纠正设计中有关结构设计、改沟改路及征地拆迁等事项的遗漏或缺陷。经统计,共补充设计遗漏的改路7km、改沟1.5km,需拆迁高压线塔4座、国防(移动)光缆6km,抢种抢搭21处。项目管理处技术人员在初勘初测阶段即全面介入参与,根据现场实际情况优化勘察方案,由监理及业主代表全过程跟踪监督、核查及签认,不仅保证了勘察质量,也起到督促设计院加强外业调查的细致性的作用。

(3) 技术手段求创新。

技术创新(图5-2)贯穿项目始终,不仅成功破解了一系列技术难题,也成为详勘阶段的利器。

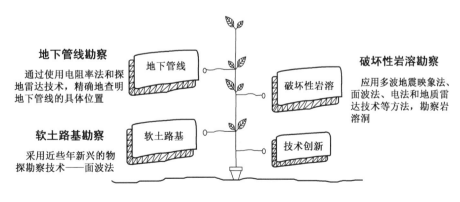

图 5-2 勘察阶段的技术创新

软土路基勘察。软土土地层是比较差的地质体,属于佛开高速公路南段改扩建项目的重点勘察对象。对比传统钻探及静力接触技术,项目管理处采用近些年新兴的物探勘察技术——面波法对软土底层情况进行了勘察。面波法虽然检测深度较浅,一般在半个波长内(约50m),但是只要各岩土层间具有波速差异,其对浅部软土地层的划分精度较其他方法高,且受场地的条件限制较小。借助面波法开展工程勘察得出的结果十分精确,并且不会受到施工现场环境的影响,有力保障了佛开高速公路南段改扩建项目的软土路基勘察质量。

破坏性岩溶勘察。针对岩溶路基勘察,项目管理处综合勘察工程的整体路基状况,应用多波地震映象法、面波法、电法和地质雷达技术等方法进行勘察,确定具体的地质状况,找到岩溶发育带的发展走向,实现合理填土。佛开高速公路南段改扩建项目江门区段岩溶地区为避免出现因岩溶发育出现路基塌陷现象,对全部可能存在岩溶病害的路段综合应用上述方法进行了详查,探测岩溶洞,划分岩溶发育带的分布、走向,取得了较好的地质勘察效果。

地下管线勘察。在部分城镇市区以及跨线桥施工以前,由于以往档案资料的不全或不准确,常常要进行管线的探测。对于金属管线,一般采用专用的管线仪,但对于非金属类的管线,这些仪器的探测效果则较差。由于佛开高速公路南段改扩建项目经多次改道的地方县道建跨线桥,而该区处于软基路段,实施坑、槽探十分困难,项目管理处通过使用电阻率法和探地雷达技术,精确地查明了地下管线的具体位置,及时变更拟建跨线桥的桩基位置以及施工区域,避免了不必要的损失和潜在的民事纠纷。

5.2 项目设计阶段的方案优化

5.2.1 设计优化的价值体现

通过初步设计和施工图设计工作对拟建工程的实施在技术上和经济上进行全面详尽的安排,对可行性论证阶段推荐方案进行充分论证和试验,提出具体工程实现步骤和有关工程参数,进行结构设计和大样图设计,提出施工技术、施工组织和安全措施要求,编制工程施工图件及说明,进行工程预算。

设计阶段经多次优化方案,力求减少占用耕地和居民房屋拆迁;采用多种途径利用挖方、减少弃方,平衡全线土石方填挖量;以恢复和保留公路沿线自然生态环境为主,将"生态环保、和谐交融、畅美舒适"的理念贯彻到设计工作中;施工场地、便道等临时工程尽量布设在工程永久用地内;按照水土保持方案、环境影响评价报告书的有关要求,有针对性地编制绿化、土地复垦等生态恢复工程的设计方案。

5.2.2 项目初步设计阶段的细化要点

(1)提前报送,加快图纸审查。为尽早取得立项批复、初步设计批复,项目管理处工程技术部提前与国家和省级有关部门进行多次沟通,坚持"提前报送,加快审查"原则,在正式文件上报前先将相关材料送至业务主管部门进行审查,根据业务部门意见及时修改材料,待正式文件上报后可大幅缩短审查和修改时间。此举效果显著,大幅缩短了建设工期。同时,根据年初制定的勘察设计工作计划,采用初测、初勘与初步设计同步验收的方式,进一步节省了审批时间。

(2)加强设计前瞻性,确保设计质量。以"加强实地勘察力度、提前深化设计、充实设计内容"为设计工作目标,利用以往改扩建项目管理经验,对可能影响后期工程施工及质量的问题,及早预见并与设计院积极沟通落实,纠正不合理设计方案,要求在工程方案及项目造价中予以体现。通过提前完成下一设计阶段的成果,并利用该成果倒装当前设计阶段成果,有效提升了设计方案的前瞻性和设计深度,确保了设计质量,减少了项目实施过程中可能产生的变更与纠纷。

5.2.3　施工图设计阶段的深度优化

(1)设计方案及进度由代建方主导,按时保质保量完成施工图设计。

项目管理处以固定周期召开专题工程方案讨论及设计进度协调会议的形式,传达项目关键工程的设计思路和设计进度要求,以会议纪要形式落实并安排专人跟踪落实各个专项设计,加强对设计进度的全过程管理。从设计源头抓起,严控"定测详勘关",形成现场问题现场解决、方案问题按会议纪要精神执行的工作常态,督促设计院在本项目外业及设计过程中有足够的人力和物力投入,将计划内时间节点以及计划内需完成事项作为主要考核指标,通过层层剖析,分解设计工作内容,强调执行力与效率,稳步有序推进设计工作的进程。严格监控和有效协调,使得项目设计成果按时甚至部分提前完成,进一步缩短了建设工期。

(2)设计图纸审查与现场情况复核并重,力争概算不漏项、不漏量。

集中设计单位及项目管理处工程技术力量并结合现场调查数据及图片影像资料,重点对工程方案合理性、结构物尺寸、工程量清单、征地拆迁数量、施工工序安排、交通维护及改沟改路方案等内容进行图纸仔细复核,汇总审查意见,责成设计院逐条落实,并反映在工程造价文件中。凡未落实意见的,需解释说明,共同商议后再确定设计方案。

(3)坚持设计图纸内外业审查相结合原则,确保设计方案切实可行。

坚持以实践指导理论为原则,由项目管理处引导设计及咨询工作,结合广东省内类似高速公路改扩建工程经验,达到提前细化设计和分阶段加深设计的目的。在图纸内业审查过程中,以项目管理处总工程师及工程技术人员逐层核查、省内相关专家非正式会审、设计咨询单位审查三重把关为保障,重点围绕主要技术方案妥当性、主材数量准确性、结构物尺寸与现场吻合性、会议纪要及评审意见的落实程度等开展各专业部分的施工图设计内容的详细核查,减少施工图设计中的遗漏,零容忍施工图设计中的错误。

(4)设计方案提前预控,动态调整优化变更。

在施工图设计阶段完善扩建沿线桥涵、改沟改路及部分管线或结构物征地拆迁项目等方面的设计内容,通过实地勘察及论证,提前明确现场重大变更意向及相关技术方案的优化,有前瞻性地列入施工图方案,有预见性地控制变更和投资规模。自开工以来,项目管理处主持进行了3次集团层面重大变更会议,讨论了21个变更项,明确超过500万元以上的负变更有5项,初步估算负变更1.24亿元、正变更0.52亿元,累计核减0.72亿元费用,通过优化方案,有效控制了项目造价。

5.3 项目详勘和深化设计的经验总结

(1)勘察阶段的详勘。公路改扩建项目的现场详勘是提升设计质量、深化施工方案、确保施工阶段不返工的重要保障,也是缩短工期、减少造价的坚实基础。对先进的技术手段加以利用,可以使现场详勘"如虎添翼"。

(2)设计阶段的深化设计。"磨刀不误砍柴工",优秀的设计方案是控制项目投资、保证工程质量、提升施工速度的有力保障。设计阶段层层深入的设计方案优化,不是浪费时间,而是以点来撬动面,是工程建设的灵魂。提前预控、层层把关,只有这样才能把项目推向成功。

第6章 项目实施阶段的方案变更与优化

6.1 项目实施阶段的主要方案优化及成效

在项目的实施过程中,项目管理处将施工方、设计方、供应商等各方力量深度融合到项目中,针对施工现场实际情况和施工单位管理水平,为确保工程质量,结合技术难点进行方案优化和创新,根据技术变更权限及时组织开展技术变更会议。

6.1.1 轻质土填筑路段方案优化

(1)技术难点。

气泡轻质土填筑至二次施工平台界面时强度已形成,再进行水泥搅拌桩或管桩二次施工需穿透轻质土路堤,施工难度较大,且会对轻质土路堤造成破坏,影响路堤强度和稳定性。

(2)方案优化。

变更前方案:采用水泥搅拌桩(管桩)处理的轻质土路段,填土高度5~7m,软基深度5~17m,厚度1.5~12m,软基处理采用二次施工平台进行施工。新旧路基坡脚之间复合地基在第一级施工平台施工,当填土至距离边坡坡顶高度为2.5m时,在该填土平台(二次施工平台)进行原路基边坡范围的复合地基施工。

变更后方案:按照《广东省公路建设有限公司工作会议纪要》(2017年第81号),对轻质土路段水泥搅拌桩(管桩)软基处理方案进行变更。在确保第一级施工平台的水泥搅拌桩(管桩)不少于4排的前提下,取消第二级平台的水泥搅拌桩(管桩)施工,同时轻质土路堤墙最外侧保证有一排水泥搅拌桩(管桩)(图6-1)。

在特殊地质段,为保证路基的整体性、水稳性等特性,按照实际施工情况调整施工流程,最大限度地减少破坏,避免工序冲突,保证工程的质量,此项变更减少总预算1169.00万元。由于避免了施工流程冲突引起的延误工期,相应加快了施工进度。

6.1.2 石步河大桥方案优化

(1)技术难点。

石步河大桥原施工图设计考虑桥下通航净空的需要,在旧桥南北两端分别延长了4孔和3孔。工程开工后,详细勘察了扩孔范围内地质情况,发现该段落软基较浅,适合路基施工,同时也便于疏导交通,决定维持旧桥长不变而进行拆除重建。为避免新建桥墩的桩基与旧桥桩基位置重叠而影响既有桥结构安全和质量,采取错位布设群桩基础,以避让旧桥桩位。

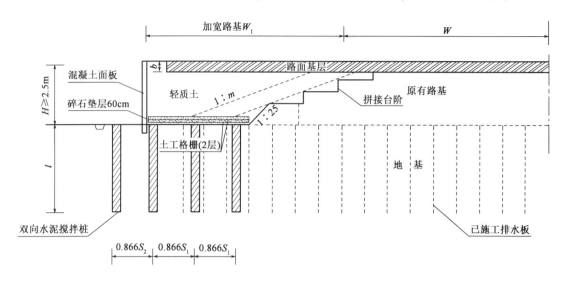

图6-1 双向水泥搅拌桩处理加宽路段软土地基横断面

注:S_1、S_2 为相邻水泥搅拌桩中心间距。

(2)方案优化。

变更前方案:石步河大桥为拆除重建桥,与主线正交,桥梁位于 $R=1198m$ 的右转圆曲线上,分左右侧4幅设计,内侧旧桥拆除重建部分桥面宽度为12.0m,外侧扩建桥部分桥面宽度为10.0m,墩台径向布置。考虑桥下通航净空的需要,主桥提高约1.8m,在旧桥南北两端分别延长了4孔和3孔。上部结构采用装配式预应力混凝土先简支后桥面连续小箱梁。跨径组合:

左幅:$6×20m+(40+17.892+40)m+(32+32)m+8×20m$。

右幅:$6×20m+(40+23.277+40)m+(26.5+32)m+8×20m$,20m 等跨梁高为1.2m。

其余17.892~40m,跨径梁高均采用2.02m。

下部结构桥墩采用 $2D110~2D130cm$ 和 $2D150~2D160cm$ 桩柱式墩;桥台为座板式桥台,桩基直径为 $4D120cm$。桩基采用钻孔灌注桩。

变更后方案:为使石步河大桥重建施工时能充分利用旧路基而且便于疏导交通,结合该路段软基深度相对较浅(软基深5~8m)的情况,经分析、比较,石步河大桥变更为基本维持旧桥长进行拆除重建方案(即扩建施工图设计的广州端减少3孔,开平端减少4孔)。变更后,跨径组合调整为:

左幅:$3×20m+(40+17.892+40)m+(32+32)m+2×20m+20.5m+20m$。

右幅:$3×20m+(40+23.277+40)m+(26.3+32)m+2×20m+20.5m+20m$。

其中变更后2号桥墩由于桩基位置与旧桥桩位重叠,将其调整为群桩基础,露出地面的墩柱仍采用双柱墩,并对路面工程数量进行调整。

石步河大桥进行桥改路变更后,该桥的南北端减少了孔数,使得在改建过程中充分利用原有的路基,保证了交通顺畅;同时,引桥部分利用原有桥墩使得在保证工程质量的同时,减小工程浪费,节省了工程预算956.51万元,其中减少建安费947.05万元,提高了桥梁耐久性、安全性,提高了航道等级;另外,工程变更的高效组织管理模式,使得工期大大缩短。

6.1.3 旧路行车道路面病害处理施工方案优化

(1)技术难点。

由于原设计缺乏路面病害的数据,且旧路面病害从设计到施工阶段均处于发展状态,施工图对旧路面病害仅罗列出清缝、灌缝和对部分深层病害拟定浅层注浆等措施,并明确对路面病害处治进行动态设计,未列明具体工程量清单,对旧路病害处理缺乏针对性的解决方案及费用。佛开高速公路路面属于10年前加铺18cm厚的沥青混凝土(分3层)的典型"白改黑"性质的复合式路面结构,由于部分路面基层存在松散、空洞(参照雷达检测结果)等病害,基层病害向上反造成沥青混凝土面层形成纵横向裂缝,而扩建加铺4cm厚的改性沥青(SMA-13)后将难以消除后期形成的反射开裂病害。根据《广东省交通集团有限公司工作会议纪要》参考检测单位的检测成果,对旧路面的纵横向反射裂缝、刚性基层断板范围(即5m内存在开裂部分)进行高聚物注浆加固,并在加铺罩面前对加固后的表面缝隙粘贴裂缝贴,彻底解决刚性基层反射开裂。

(2)方案优化。

变更前方案:对旧路面裂缝采用清缝、灌缝和对部分深层病害拟定采取浅层注浆等措施,明确对路面病害处治进行动态设计,未列明具体工程量清单。

变更后方案:对旧路面的纵横向反射裂缝、刚性基层断板范围(即5m内存在开裂部分)进行高聚物注浆加固(图6-2),并在加铺罩面前对加固后的表面缝隙粘贴裂缝贴。

高聚物材料不含水,不会产生干缩现象,能够密实填充脱空,具有很好的柔韧性,不易开裂,且高聚物早强的特性有效节约了工期,具有较好的抗渗性,能阻止雨水下渗,具有良好的经济效益和社会效益。高聚物材料不溶于水,不受霉菌和真菌的侵蚀,仅在钻孔时产生少量粉尘,对环境基本无污染,具有良好的环保效益。因此采用高聚物注浆处理老路面病害,共处理维修面积近2万 m^2,路面承载能力得到有效提高,结构层均匀完整性得到了较好的恢复(图6-3)。

图6-2 旧路病害处置高聚物注浆

图6-3 高分子注浆效果抽芯检测

旧路病害是危害行车安全的重要因素,改扩建工程中,旧路病害贯穿从设计到施工的整个阶段,因此提高对旧路病害的重视刻不容缓,在本次病害治理变更中,增加总预算1868.67万元,其中建安费1850.16万元,此项变更将公路未来可能遇到的各种问题彻底根除,为日后的运营工作提供了安全保障,是改扩建工程中必不可少的重要环节。

6.1.4 轻质土路段悬臂式挡土墙方案优化

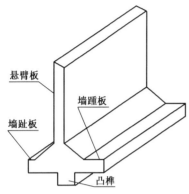

图6-4 悬臂式钢筋混凝土挡土墙

变更前方案:原设计填筑高度大于3m的气泡轻质土路堤边坡采用悬臂式钢筋混凝土挡土墙防护;原设计轻质土路堤路肩防撞护栏按路基填筑高度小于3m和大于3m采取两种不同类型的混凝土防撞护栏。

变更后方案:原设计填筑高度大于3m的气泡轻质土路堤边坡采用悬臂式钢筋混凝土挡土墙(图6-4)防护,现变更为采用预制混凝土面板挂板(图6-5)进行防护;原设计轻质土路堤路肩防撞护栏按路基填筑高度小于3m和大于3m采取两种不同类型的混凝土防撞护栏,本次变更设计对防撞护栏形式及尺寸进行了统一。为加强边坡稳定性,在轻质土路堤与老路堤边坡开挖台阶面结合处设置钢筋锚筋,锚筋直径25mm,长度2.0m,沿纵向方向设置间距为2m。

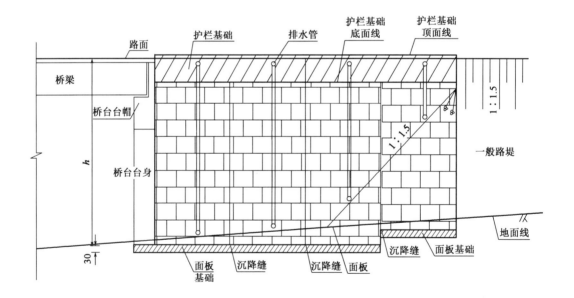

图6-5 面板外表面布置纵断面(尺寸单位:cm)

由于气泡混合轻质土具有轻质性以及硬化后具有良好的自立性,其垂直临空面侧压力为0,对桥台结构物无侧压力,所以在进行防护时,应根据具体的边坡路堤材料选择预制混凝土面板挂板,此项变更减少施工图总预算3732.10万元。

6.1.5 旧路硬路肩处治方案优化

(1)技术难点。

原设计佛开高速公路旧路硬路肩需拆除重建。经对旧硬路肩进行专项检测,结果表明,材料性能存在一定程度的衰减,但旧路硬路肩各结构层模量强度、承载能力良好。根据《广东省交通集团有限公司工作会议纪要》,对旧路硬路肩进行适当换板或注浆补强后,直接利用作为扩建后佛开高速公路的第三行车道;同时考虑到利用佛开高速公路旧路硬路肩后新旧水泥混凝土基层同处于第三车道,为减小新旧混凝土基层间的刚度差异和植筋拼接的混凝土板工后沉降,需提高加宽段水泥混凝土基层强度。根据《广东省交通集团有限公司工作会议纪要》,为保证扩建后第三车道路床强度,对弯沉不合格的旧土路肩换填处理。

(2)方案优化。

变更前方案:①旧硬路肩路面结构为21cm水泥稳定碎石底基层+22cm C35水泥混凝土+8cm ATB-25+6cm AC-20C+4cm SMA-13,扩建方案为挖除旧路肩路面结构、回填15cm+15cm+18cm贫混凝土(或15cm级配碎石+15cm 3%~4%水泥稳定级配碎石+18cm 4%~5%水泥稳定级配碎石)+26cm C20基层+12cm ATB-25或CRATB-25(厂拌冷再生材料)+6cm AC-20C(改性)+4cm SMA-13加铺层;②加宽范围路面上基层采用26cm C20混凝土;③扩建对土路肩处路基未做处理。

变更后方案:①旧硬路肩注浆补强后加铺4cm SMA-13,直接利用作为改扩建后佛开高速公路的第三行车道;②加宽范围C20水泥混凝土调整为C40水泥混凝土;③对弯沉不合格的旧路土路肩,换填30cm 3%水稳未筛分碎石(或级配碎石),换填宽度2.5m。

采用加固加强旧硬路肩作为第三行车道的方法,不仅减少了全部拆除旧硬路肩所耗费的人力与物力,还降低了项目建设成本,此项变更减少总预算2279.91万元,其中建安费2257.33万元。其次,在达到降低成本目标的同时,还需保证质量要求,因此在选用加固材料时严控配比,提高加宽段水泥混凝土强度,使得质量和预算共赢。除此之外,此方案结合了佛开高速公路的大修处置方案,并综合考虑到改扩建工程的技术特点和难点,既可满足我国已经或即将面临的大规模的公路改扩建工程技术实际需求,也是对我国绿色环保修路理念的积极响应。

6.1.6 车行天桥方案优化

(1)技术难点。

根据《广东省交通集团有限公司工作会议纪要》,K59+250、K71+930、K74+250、K77+765车行天桥跨主线段上部结构原施工图设计采用钢箱叠合梁,经进一步分析、比较,预应力混凝土箱梁具有施工便利和造价经济等优势,将其上部结构由钢箱叠合梁调整为预应力混凝土箱梁。

(2)方案优化。

变更前方案:佛开南高速公路改扩建项目在K59+250、K71+930、K74+250、K77+765等4处设置了钢叠合梁。

变更后方案:按照《广东省交通集团有限公司工作会议纪要》,拟将佛开南高速公路改扩建项目 K59+250、K71+930、K74+250 和 K77+760 处车行天桥上部结构均由钢混叠合梁改为预应力混凝土箱梁,跨径、桥宽不变,下部结构尺寸及墩柱布置根据设计计算同步调整。

在公路施工项目中,结构物、材料等的选择并不是固定不变的,往往需要在性能对比分析后进行更换,此项变更后减少施工图预算建安费为1540.81万元。

6.2 项目实施阶段方案优化成效及经验总结

佛开高速公路南段改扩建项目共包含轻质土填筑路段方案优化、石步河大桥方案优化、旧路行车道路面病害处理方案优化、轻质土路段悬臂式挡土墙方案优化、旧路硬路肩处治的方案优化以及车行天桥技术方案优化等6个较大方案优化,实现费用核减782.8万元。

(1)灵活机动变更改扩建技术方案,避免冲突,达到双赢。由于改扩建项目往往存在地质复杂、技术要求高、不可预见因素较多等特点,在项目实施过程中项目管理处因地制宜,灵活应对,在对地质情况、水文条件等进行充分勘察后,选择最适合以及最匹配的材料或方案,降低了事故发生率,减少了流程冲突,以最优的方案达到双赢。经过对项目实施方案的合理变更,在满足工程质量和使用功能的要求下,达到了节省人力、物力、财力与加快工程进度的目的。

(2)关键问题事先预见风险,优化方案,为运营奠定基础。在改扩建工程中最常见的一个问题就是旧路面病害使得公路的使用性能持续降低,使用寿命大幅度减少,为此项目管理处高度重视旧路面病害的处理,保证工程质量,使得公路可持续发展。除此之外,对常见的工程施工程序冲突整体考量,协调施工程序,优化实施方案,进而缩短工期,降低风险,为项目后期的运营奠定良好基础。

(3)及时高效处理动态变更,为项目顺利推进提供保障。在项目发生变更后,项目管理处及时召开变更专题会及清理会,动态解决影响施工质量或涉及地方政府诉求的问题和难题。项目自开工至交工验收以来,总计开展39次变更会议,累计解决或处理439项方案变更或技术难题。在设计变更管理方面,落实责任主体,分解任务目标并定期例会清理变更。按照变更流程中的责任主体,分解任务目标,加快变更服务函的下发、申报、审批速度,为项目顺利推进提供保障。

(4)严控履行手续提高管理效率,缓解标段资金压力。工程项目在建设过程中会涉及多方参与者,工程变更管理会对工程项目的整体质量与工期的顺利完成带来直接性的影响。科学合理化的工程变更管理,相关方职责清晰,能够较好地协调各个参与主体之间的合作关系,提高管理效率,减少由于职责不清而造成的时间浪费、管理浪费,缓解标段资金压力。本项目应用高速公路建设项目管理系统(HCS)对工程变更、计量支付进行透明化管理,缩短审批周期的同时,固化管理流程,提高审批效率,保证工程变更动态跟踪、限时申报、限时审批,确保工程计量的准确、及时。同时,从计量方式上,针对审批周期较长的变更,采取变更暂定计量的方式;针对赶工或者资金流紧张阶段,采取"一次计量,两次支付"的方式,减轻施工单位的资金压力。

第3篇

蓄势待发　全局准备定乾坤

　　凡事预则立，不预则废。有了先进的管理理念和前期良好的统筹规划做保障，项目管理处方向明确、目标一致。为创建"品质工程"，确保项目的"高效、质优、安全、畅通"，全方面稳步推进佛开高速公路南段改扩建项目的开展，必须要在统筹规划的基础上，做好细致的谋划和充分的准备。项目公司重点围绕工程用地保障、招标总体策划、交通运输转换和施工统筹部署，提前做好全局准备，蓄势待发。

　　大鹏一日同风起，扶摇直上九万里。精细化的准备，全局的配合，"佛开人"准备就绪，高速公路改扩建的大幕正式拉开，佛开高速公路南段高速公路改扩建项目为粤西地区注入新的活力，将沿线城镇与粤港澳大湾区连成一体。

第7章 项目征地拆迁阶段的用地保障

7.1 征地拆迁的主要工作部署

在高速公路改扩建项目中,对原有路面路基的改造往往牵涉各方(包括地方、业主、代建单位、施工单位等)的立场和利益问题。如何加大协调力度、提高沟通效率,做好前期征地拆迁工作,是项目管理处面临的一大工作难点。

7.1.1 成立党建引领的征地拆迁专项小组

征地拆迁工作向来是公路改扩建项目的"老大难"问题。为确保佛开高速公路南段改扩建项目改扩建工作的正常推进,项目管理处成立以党支部书记为首的征地拆迁专项小组,设在工程部内,工程部全员参与。明确征地拆迁专项组小负责办理用地手续相关各项工作,包括规划选址工作、环境影响评价、地质灾害评估、地震安全性评估、压覆矿床审查意见、水土保持方案批复、用地预审相关工作、林业报批相关工作、用地报批相关工作、协调办理国有土地使用证、整理制作办理用地手续有关资料。负责与沿线地方政府协商有关征地方案意见,参与征地拆迁合同的谈判,草拟和审核各类征地拆迁合同、协议;组织调查各类拆迁物的成本、单价、计算补偿费用,确认征地及拆迁数量;督促和推进征地拆迁、管线迁改等工作进度,协调相关方面的工作;监控全线征交地的动态,处理征地拆迁过程中存在的问题等任务。

征地拆迁专项小组由党支部书记亲自挂帅,工程部全员积极跟进。各项任务和目标层层分解,明确征地拆迁主管和业主代表等工作职责,严格落实责任,扎实推进工作。通过开展以"发挥党建引领作用,加大征地拆迁协调力度,树立改扩建项目党建标杆"为主题的"书记项目",抓细做实党建工作,汲取其他改扩建项目建设的经验,结合实际,积极与地方政府和当地居民沟通,创新改扩建工程征地拆迁模式。

7.1.2 制定征地拆迁的标准工作流程

项目管理处成立之初,为了提高征地拆迁工作效率、加强征地拆迁工作力度,在借鉴以往项目经验基础上,把征地拆迁专项小组人员放到工程部,结合本地实际情况,制定了征地拆迁工作流程(图7-1)。在工程开工前期,让业主代表参与征地拆迁协调和现场土地移交工作,消除了以往项目在征地拆迁管理与施工现场施工管理脱节的弊病。通过大胆尝试,极大地提高了征用土地精度,并通过方案比选对用地进行合理优化,降低了工程造价,成效显著。

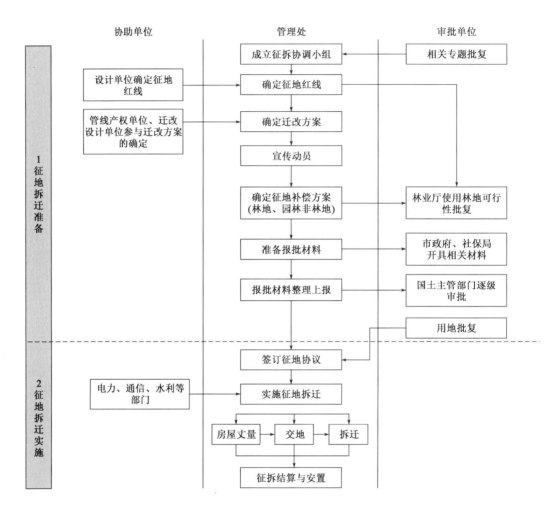

图 7-1 征地拆迁工作流程图

7.1.3 学习征地拆迁的相关法律政策

征地拆迁安置工作是一项政策性很强的工作。为规范推进拆迁工作,项目管理处在党支部书记的带领下,深入学习征地拆迁的相关法律法规,掌握征地拆迁的政策规定,做到事事有依据,确保征地拆迁在提高效率的同时依法合规进行。通过深入了解土地征用政策法规、城市房屋拆迁管理、征地拆迁行业管理等方面的规定(上到国家法律法规,如《中华人民共和国土地管理法》《中华人民共和国城市规划法》《中华人民共和国土地管理法实施条例》《中华人民共和国城市房屋拆迁管理条例》,下到地方规章,如《广东省实施〈中华人民共和国土地管理法〉办法》《佛山市深化征地制度改革的意见》等),明确了工作的基本原则,为项目管理处解决本项目征地拆迁工作中遇到的实际问题提供了法律依据。

在征地拆迁安置过程中,始终坚持依法办事的原则,以法律法规为准绳,规范操作,使每项工作、每个环节都沿着法制的轨道运行。在地方政府和建设单位的支持协助之下,征地拆迁工作稳步进行。

7.1.4 寻求地方政府支持和当地群众理解

征地拆迁工作由于涉及多方的利益,容易在工作中遇到纠纷,加大有关法律、法规和政策的宣传力度,引导群众正确认识和掌握征地拆迁安置工作有关政策,正确对待安置中的矛盾和问题,是保证征地拆迁工作顺利进行的基础。因此,在项目征地拆迁之前,项目管理处协同市政府有关部门召开了动员大会,向搬迁户宣传项目建设的意义以及拆迁安置的有关政策,让群众理解项目,支持项目;在进行重点工程拆迁工作时,对参与征地拆迁安置工作的干部群众进行相关法律政策的学习和培训,尤其对被征地拆迁范围内的村组党员和干部进行更深层次安置补偿法律政策的学习和宣传,利用他们的辐射作用,教育和提高全体拆迁安置群众的政策法律素质;对可能出现和已经出现的问题,特别是对基层党员干部发现和提出的政策问题,有针对性地加以认真负责地解释和说明,保护被拆迁者的知情权,让人民群众理解拆迁、放心拆迁。

7.2 项目征地拆迁的举措和成效

该项目用地及征地拆迁处理中,需要规定开展征地拆迁工作的要求,如收集并熟悉项目所在地的用地及政策处理的相关政策文件和规定的要求,配合完成建设用地手续报批的要求,配合当地政府做好政策处理工作等的要求。

7.2.1 项目征地拆迁的基本举措

(1)认清并重视征地拆迁管理与工程进度影响关系,及早介入征地拆迁规划和调查,从技术角度解决相关配套方案,未雨绸缪,留有余地;从工程前期工可到施工图阶段,都一直与沿线相关单位保持良好沟通,提前对地方的相关诉求进行讨论协商,本着"经济节约、会惠互利、永临结合"的原则统筹规划相关施工方案,并将改路、改沟、改河等方案统一纳入施工图设计,为征地拆迁工作的启动做好技术准备,避免因小方案卡住大范围交地或征地拆迁。

(2)由业主管理处主要负责人牵头,全员参与密切跟进,主动担当征地拆迁现场协调人。在征地移交过程中,经常会出现个别"钉子户"找碴或"节外生枝"等衍生问题。项目管理处领导班子亲力亲为,深入了解征地拆迁工作难点问题的关键所在,落实责任,包干到人;定时组织召开征地拆迁工作会议,有效指挥、协调相关单位、部门解决征地拆迁中存在的问题,明确各阶段的征地拆迁工作目标和工作量,研究制订下一步工作计划;建立"层层倒逼"工作机制,由上至下协调地方政府及其相关部门,确保按计划提交施工用地。

(3)贯彻落实"绿色、环保、经济、节约"的土地使用政策,在工程实施过程中采取有效措施节约用地。主要措施有:设计阶段对总体方案调整;实施阶段采用增设坡脚墙、路基(肩)挡土墙、轻质土路基,调整路基放坡占地,优化施工便(通)道经由路径,将施工便道设置在永久征地红线内,利用既有村道或通道作为沿线居民通行通道;合理利用沿线废弃厂房、工业用地作为搅拌站、项目部驻地、预制场等大型临时工程场地,最大限度减少土地资源破坏和挤占自然资源空间;全线综合平衡土石方调配,无永久弃土场,并对废弃结构物残渣再利用,消除环境污染,减少占地,避免资源浪费。未发生工程废弃物、垃圾等额外占地问题。

(4)在完善征地拆迁手续方面,采取"人盯人"战术,由专人每天跟进办理情况,如有问题,立即解决或整改,密切关注和跟进。面对具体用地报批工作,成立专项小组,依照具体法律法规扎实推进,各项任务和目标层层分解,落实责任,使得用地手续在主体工程开工前得以顺利批复,打破了以往项目已经进入主体施工阶段仍然未完成用地手续批复的惯例。

(5)积极寻求上级领导帮助和支持,是征地拆迁工作能够得到实质性进展的核心。在征地拆迁过程也遇到了像石油管线、争议地、历史遗留问题等一些影响征地拆迁的难题,主动向上级政府反馈相关信息和难题,征得广东省政府、广东省交通运输厅、广东省交通集团有限公司以及建设公司等领导大力支持,使得一些跨行业征地拆迁难题得以破解,有效保证了工程总体进度。

7.2.2 项目征地拆迁的实施成效

一是依靠全员参与、积极主动全程跟进项目整体用地材料审批的各个环节及流程的进展,佛开高速公路南段改扩建项目2016年9月6日获得国土资源部批复;二是上下联动、全员互动,遇到困难时主动寻求上级领导帮助和协调,同时整合工程技术、征地拆迁、安全、业主代表等人员职能,全员参与现场交地及管线迁改工作,进展情况每日一报;三是加强协调、现场科学决策,减少纠纷,加快房屋征收进度。实施的主要成效总结如下:

(1)鹤山市、新会区辖区路段征地拆迁工作协议签订,沟通协调见成效。在领导班子的带领和征地拆迁专项小组工作人员的共同努力下,经多次、多方沟通,新会区辖区路段征地拆迁工作协议于2016年9月29日签订,鹤山市辖区路段征地拆迁工作协议于2016年10月20日签订,征地拆迁工作进一步得到落实。

(2)征地拆迁工作的突破性进展:在广东省高速公路建设总指挥部、地方高速公路建设指挥部、地方政府、广东省交通集团有限公司、建设公司等各级领导大力支持下,管理处全力以赴,征地拆迁工作取得了突破性进展。2017年8月底,完成95%以上交地,同年10月底完成全部交地,创造了征地拆迁板块的"佛开南速度"。从破土动工开始建设临建工程到工作面移交达98%以上,时间约100天,创下了广东省内改扩建工程在经济发达区征地拆迁土地移交进度最快纪录,保障了项目的正常推进。

(3)在土地使用效率方面,采取有效措施节约用地。通过设计阶段的总体方案调整,减少永久占地95亩,占到原征地总数6.1%;在工程实施阶段,全线通过动态变更,减少永久占地约49.8亩;按照"永临结合、综合受益"的原则,减少施工通道临时占地约243.6亩;合理利用沿线废弃厂房、工业用地作为大型临时工程场地,减少临时占地约134亩;全线综合平衡土石方调配,未发生工程废弃物、垃圾等额外占地问题,做到了"能省尽省、力求节约"的基本原则,并充分与环境保护、水土保持相结合,工程沿线青山绿水,自然和谐。

(4)进一步规范项目质量管理,提高管理人员的执行力。促进了更多符合现代企业管理制度的管理办法出台,进一步规范了日常管理行为;有效提高了管理人员的执行力,树立起执行标杆;促进了更多符合客观需求的质量管理制度出台,进一步规范了工程质量管理。

7.3 项目征地拆迁阶段合作共赢的经验总结

项目征地拆迁涉及很多利益相关方。党建引领是关键,通过成立专项征地拆迁小组,本着"环环相扣、步步紧跟"的原则,责任落实到人。征地拆迁工作是关系百姓切身利益的大事,也是影响项目推进的关键点,需要以法律为准绳,严格依法合规推进征地拆迁工作。通过积极与政府及当地群众进行沟通,了解相关方的基本诉求,在依法合规的基础上,尽可能地通过后期的方案优化解决群众的基本诉求,以合作共赢的思维开展征地拆迁工作。

第 8 章 项目招标阶段的总体策划

8.1 项目招标总体策划

8.1.1 项目承发包模式的选择

基于佛开高速公路南段改扩建项目具有征地拆迁难度大、施工安全风险多、进度造价控制难度大、工程质量及环保品质要求高等特点,考虑到代建方具有较强的沿线征地拆迁协调能力、技术过硬的建设管理团队和丰富的建设管理经验,本项目采用 DBB(Design-Bid-Build)平行发包模式,对设计、施工、监理、检测等内容开展招标。

8.1.2 项目招标启动时点的策略技巧

佛开高速公路南段改扩建项目的招标流程:编制招标文件——上报招标文件——广东省交通运输厅审查及批复(或核备)——发布招标公告并出售招标文件——招标控制价编制、上报及批复——开标及评标——上报评标报告——上级单位出具评标报告核备意见——发出中标通知书。

为尽可能节省招标时间,在依法合规组织招标工作的原则下,项目管理处根据项目确定的进度目标,结合施工计划倒排拟招标项目各阶段时间节点,提前做好各节点工作安排。通常项目在施工图批复之后,才可以公开进行招标工作,但在施工图批复之前,项目管理处合理地利用时间空隙,相应的前期工作就紧锣密鼓地开展起来:

招标文件上报前:提前与广东省交通运输厅沟通拟定招标项目对中标人所要求的资质条件、业绩要求和评标办法等关键性因素,并在招标文件中详细列明具体要求,此阶段保证了招标文件一经上报即可一次性通过,避免招标文件上报后反复修改甚至退回重报的情况发生。

招标文件上报后:计划合同部派专人跟进招标文件的审批工作,及时对招标文件审查单位提出的质疑问题进行反馈,做到当日事情当日毕。

招标控制价编审:施工图设计审批过程中,计划合同部同步编制招标清单预算;利用造价咨询单位的技术力量,提高招标清单预算的完整性、准确性。因此,造价审核部门审批的时间亦大幅缩减;与此同时,招标文件已提前上报,基本实现与招标控制价审核与施工图设计审核同步批复。

招标文件与施工图设计批复以后,第一时间开始发售招标文件。在此过程中,进行招标清单预算核备(开标前15天公布招标控制价),所有的工作都利用空隙时间同步进行,确保在最短时间内依法依规完成项目招标,节省项目招标时间(图8-1)。

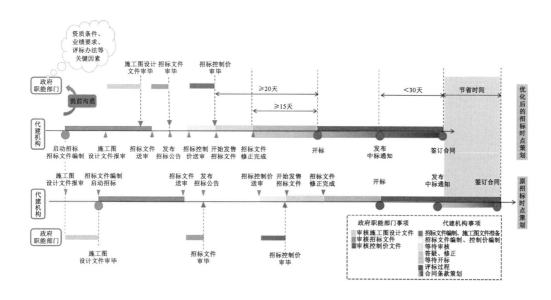

图8-1 项目招标时点及与常规招标项目相比提前的时间

8.1.3 项目标段划分及中标结果

佛开高速公路南段改扩建项目考虑到项目工期紧迫、边通车边施工、工点分散等特点,经项目管理处沿线实地勘察并仔细研讨,施工环节的招标最终确定为4个土建标和1个交通安全(简称"交安")标,并实行捆绑招标,即将路面、绿化等工程并入土建标中实施招标。考虑到改扩建项目具有工期紧、施工作业面窄、交通运输方案特殊等特点,为了保证项目按期按质完成,给后续施工留有充分的时间,项目管理处秉承各项工作提前介入、做足准备工作的原则,合理、充分、高效利用了各项工作时间搭接过程中的空隙时间,在依法合规的基础上,极大地缩短了招标时间。

以佛开高速公路南段改扩建项目北段为例,主要招投标项目中标金额共计110196.79万元。其中,勘察设计及咨询类,包括工可、环境影响评价、勘察设计、设计咨询、勘测定界及房屋调查、造价咨询;监理类,包括监理、通信管线迁改施工监理;土建、管线迁改施工类,包括通信管线迁改施工1标、土建施工1标、土建施工2标;试验检测类,包括试验检测、监测及检测JC标、监测及检测SJ标;交安机电类,包括交安工程和机电工程。从项目招标列表(表8-1)和招标分类图(图8-2)中可以看出,土建、管线迁改施工类占比最大,投标金额占所有招标项目的86%。根据项目管理处2017年项目招标工作计划,土建1标、2标在2017年3月15日完成网上招标公告的发布,于4月11日土建1标、2标两个标段的招标工作结束,在一次招标过程中就节省了半个月时间,为北段工程提早通车赢得了宝贵的时间(表8-2)。

项目招标列表 表 8-1

标段名称	中标单位	中标价(万元)	开标时间
工可	广东省交通规划设计研究院股份有限公司	325.06	2014-09-29
环评	北京中咨华宇环保技术有限公司	87.00	2015-03-06
勘察设计	广东省交通规划设计研究院股份有限公司	2660.31	2015-10-19
设计咨询	四川省交通运输厅公路规划勘察设计研究院	143.17	2016-02-01
勘测定界及房屋调查	广东省国土资源测绘院	147.79	2016-03-01
造价咨询	江苏交通工程投资咨询有限公司	97.23	2016-09-29
监理	广东华路交通科技有限公司	1779.12	2017-03-07
通信管线迁改施工监理	广东工程建设监理有限公司	46.38	2017-05-25
通信管线迁改施工1标	广东南方通信建设有限公司	1035.13	2017-03-14
试验检测	湖南省交通建设质量监督试验检测中心	1196.61	2017-03-21
土建施工1标	中铁隧道集团有限公司	25102.65	2017-04-11
土建施工2标	广东省长大公路工程有限公司	62487.82	2017-04-11
旧桥、高边坡及软基监测与管桩、水泥搅拌桩及桩基检测(JC标)	广东省交通规划设计研究院股份有限公司	359.60	2017-07-25
旧桥、高边坡及软基监测与管桩、水泥搅拌桩及桩基检测(SJ标)	佛山市公路桥梁工程监测站	93.39	2017-07-25
交安工程	北京汉威达交通运输设备有限公司	5325.53	2018-05-03
机电工程	广东新粤交通投资有限公司	1719.88	2018-06-27
合计	—	110196.79	—

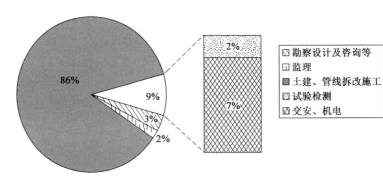

图 8-2 招标分类及中标金额占比(万元)

2017年项目招标工作计划安排 表 8-2

序号	招标项目	招标时间 开始时间	招标时间 结束时间	目前进展
1	施工监理	2月14日	3月13日	已于3月13日完成公示
2	通信管线迁改施工	2月14日	3月20日	已于3月20日完成公示
3	试验检测	2月14日	3月底	已于3月24日开始公示
4	土建施工	3月15日	4月底	已于3月15日发布招标公告

8.1.4 项目招标工作经验总结

凡事预则立,不预则废。招标在引进竞争的同时往往被规范的程序所束缚,导致招标工作烦琐、时间长、费用高。通过良好的招标策划,不仅有利于选择优秀的承包者,也能巧妙利用各项工作搭接过程中的空隙时间,缩短招标时间,为后续施工挤出宝贵时间。

8.2 全过程合同管理流程策划

全过程合同管理包括合同的谈判、审批、签订、履行、变更、索赔、解除、结算、纠纷处理与后评价的管理工作。高速公路的建设项目合同管理是一项连续、不间断的全过程、系统化管理工作,从合同的订立、审批阶段,到合同的履行、变更阶段,最终到合同实施的评价阶段,合同管理存在于项目全过程的动态周期中,做好每一阶段的合同管理工作是项目全过程合同管理的关键。为实现项目合同约定的建设目标,确保项目在规定的时间内顺利完工,同时确保工程的质量标准,项目组提前设计全过程合同管理流程,构建了项目全过程合同管理体系(图 8-3),为项目全过程的精准把控提供了基础保障。

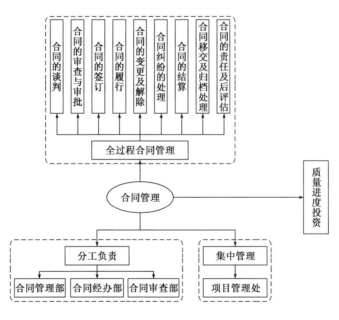

图 8-3 项目全过程合同管理体系

8.2.1 合同条款的签订

1)土建及机电工程施工合同

工程施工合同是为完成商定的施工任务,明确相互权利、义务的协议,是施工单位应该完成建设单位交付任务的依托,同时也是工程建设质量控制、进度控制、投资控制的主要依据。土建工程施工合同和机电工程施工合同在整个项目的建设过程中都有着举足轻重的地位,合同条款的签订对整个项目工程中出现的各类问题处理提出了可靠依据,对项目的整体运行起到保驾护航作用。

在佛开高速公路南段改扩建项目施工中签订的土建工程施工合同和机电工程施工合同中除了对通用条款有着详细的补充说明,亦有一些创新之处。例如在项目的土建工程和机电工程施工合同专用条款中都特别强调了信息技术的应用、建设过程中全面推行双标管理、支付条款中采用"一次计量,两次支付"的方式、建设管理过程中举办"质量管理提升年"活动,助力本项目实现"优质精品工程"的目标。

计算机配置。强调采用包括但不限于高速公路项目建设管理、质量监控、档案管理、数据采集和监控(含拌和站数据监控、试验机数据采集、视频监控等)等信息管理系统,通过计算机网络进行工程的监控与管理。

双标管理。在项目建设全过程中,全面推行双标管理(标准化管理、标杆管理),建立工程质量优质优价奖罚制度,激励承包人提高工程质量和管理水平。以广东省交通运输厅《关于印发广东省高速公路工程优质优价和施工监理优监优酬实施意见的通知》(粤交基〔2010〕1893号)为依据,设立工程质量创优奖金。该奖金的设定,充分激励了施工单位在工程质量通病的整治、施工监理在质量控制方面的工作积极性,有效落实了双标管理。

"一次计量,两次支付"。明确付款周期同计量周期,但发包人根据工程进度需要,可在一个计量周期内实行"一次计量,两次支付"的方式,即在承包人上报月计量报表经监理人审核后,发包人根据当期计量总额的50%进行第一次暂定支付,待月计量报表审核流程结束后,发包人进行第二次全额支付,并扣回第一次暂定支付金额。"一次计量,两次支付"的方式极大地保障了施工单位对资金的需求,有效地缓解了建设过程中的资金压力。

2)监理及第三方检测合同

在公路改扩建项目中,监理与第三方检测占据着重要地位。本项目中,监理合同与第三方检测合同分别单独招标。监理合同、第三方检测合同都与广东省佛开高速公路有限公司直接签订,这两份合同中涉及服务目标、工作界面、工程计量与支付、合同解释顺序、人员变更、服务内容、授权范围等内容,专用条款做出了特别说明和修改,具体如下:

(1)目标考核制。监理合同规定在保证工期、投资、安全的情况下,工程质量达到交工验收合格、竣工验收优良(评分值大于或等于90分)的总目标;检测合同中规定试验检测服务范围内所有标段交(竣)工质量验收90分以上。设置评分目标,将各单位的考核指标量化,有利于在过程中进行监督。同时质量评分也可作为最后信用评价的依据,是保证施工单位高质量完工的重要抓手,也可提高施工单位后续在缺陷责任期内的责任意识。

(2)工作界面划分。本项目首次在试验检测合同中规定了试验检测机构与监理单位之间的工作界面划分(表8-3),通过合同的清晰界定,解决了试验检测标段从监理标段中独立出来后,所造成的职责区分不清的问题。合同中同时也规定,当两者之间的任务存在冲突或模糊时,监理与试验检测中心均须无条件服从发包人的协调和安排,不得互相推诿,影响质量管控。

试验检测工作界面划分 表 8-3

试验检测工作内容	试验检测工作界面划分	
	主要负责	配合
承包人工地试验室筹备督导	试验检测中心	监理
承包人工地试验室资质备案材料审查	试验检测中心	监理
承包人工地试验室试验检测人员、设备的进场、变更的审核(试验室)	试验检测中心	监理
月度工地试验室检查及督促整改	试验检测中心	监理
内业资料表格、台账的统一	试验检测中心	监理
原材料厂家考察、审核(批)	试验检测中心	监理
进场材料使用前审批	监理	试验检测中心
平行验证试验	试验检测中心	监理
施工配合比审批	试验检测中心	监理
原材料、成品、半成品取样、送样	监理	试验检测中心
原材料、成品、半成品试验检测	试验检测中心	监理
工地试验室自检试验过程监督及资料签认	监理	试验检测中心
需出具试验检测报告的现场原位测试	试验检测中心	监理
不需出具试验检测报告的现场原位测试	监理	试验检测中心
混凝土拌和站施工配合比使用监控及施工配合比配料单的签认	监理	试验检测中心
混凝土施工过程中工作性能、取样、送样等	监理	试验检测中心
施工现场工艺试验内容(如:锚杆、锚索、路基试验段等)	监理	试验检测中心
室内工艺性能试验(如:钢筋直螺纹加工、焊接等)	试验检测中心	监理
工地试验室人员定期培训及考核	试验检测中心	监理
定期比对试验等	试验检测中心	监理
施工单位自检试验委托单位的审核、审批	试验检测中心	监理
施工单位特殊材料外委材料的取送样监督	监理	试验检测中心
施工单位自检频率的监控及统计审核	监理	试验检测中心
监理试验抽检频率的统计及跟踪、钢筋保护层测定	监理	试验检测中心
中间交工验收试验检测工作(结构物外形尺寸、偏位等)	监理	试验检测中心
中间交工验收试验检测工作(路基压实度、结构物回弹、保护层等)	试验检测中心	监理
交工验收过程中的试验检测工作	监理	试验检测中心
代表业主日常质量巡查	试验检测中心	监理
全部结构物构件强度回弹	试验检测中心	监理

(3)工作人员更换审批制。合同约定监理人需要更换派驻的主要监理人员时,需要提前一个月通知发包人并得到发包人同意,同时规定在发包人认为需要更换监理人员时,由此造成的费用增加已包含在投标报价中,由监理人自负。试验检测中心负责人更换或其授权变更时,必须提前7日通知发包人,试验检测服务人员更换时需得到发包人的同意,同时须按标准向发包人支付违约金。

项目管理处依据上述合同内容对监理及第三方检测机构进行管理,通过他管他控的方式对施工单位进行有效监管制约,为项目的顺利实现奠定了良好的合同基础。

8.2.2 合同的审批及变更

(1)合同审查及审批。

合同在正式签订前必须办理管理处内部的审查会签手续。合同审查会签的流程:合同经办部门→合同管理部门(计划合同部)→合同审查部门(财务管理部、计划合同部、专业技术部门等)→其他会签部门或领导(如需)→合同分管领导→业务分管领导→管理处党支部书记→管理处主任。合同审查会签有标准的表格,各职能部门和管理处领导审查会签时间原则上均不超过2个工作日(以合同经办部门提供完整资料为前提)。

(2)合同的变更控制。

为保障合同顺利履行,项目管理处制定了严格的合同变更控制流程。

因不可抗力或其他不能预见政策、环境变更导致合同无法完全履行或适当履行的,可在与合同对方协商一致后对合同内容进行变更或解除。变更或者解除合同,须采用书面形式进行申请,其审批权限和程序,与合同订立的审批权限和程序相同。变更后应及时以书面形式通知对方,说明变更或解除合同的原因和请求对方书面答复的期限,尽快与对方达成变更或解除合同的协议。

因对方提出变更、解除合同的,应遵照合同规定,严格把控变更或解除事项,履行合同变更或解除手续。合同经办部门收到对方要求变更或解除合同的通知,须及时向项目管理处领导汇报并通知计划合同部。在合同签订之后若发现显失公平、重大误解或对方有欺诈行为,严重损害项目利益的,合同经办部门应立即采取合法有效的措施,制止危害行为的发生,并及时向计划合同部和合同签字人报告,视情况与对方协商变更或解除合同,必要时可请求仲裁机构或人民法院予以变更或撤销。

8.2.3 合同的纠纷处理

为尽量避免不必要的损失,项目管理处对合同纠纷处理的时限和责任进行了明确的规定,强调解决合同纠纷所采取的各项措施,必须在法定的诉讼时效和期间内进行;合同纠纷须由合同经办部门会同计划合同部负责处理,如涉及项目管理处其他部门的,可以协商处理或由管理处确定一个部门为主负责处理;处理合同纠纷应有管理处常年法律顾问或专项法律顾问全程参与。

同时,明确在处理合同纠纷的过程中应坚持以事实为依据,以法律为准绳,以合同条款为基础,以双方协商解决为基本办法。纠纷发生后,应及时与对方当事人友好协商,在既维护管理处合法权益,又不侵犯对方合法权益的基础上,互谅互让,达成协议,解决纠纷。因对方责任引起的纠纷,应坚持原则,维护管理处合法权益;因管理处责任引起的纠纷,应尊重对方的合法权益,并尽量采取补救措施,减少损失;因双方责任引起的纠纷,应实事求是,分清主次,合情合理解决。

8.2.4 项目全过程合同管理经验总结

(1)依托标准文本细化专用条款。

有效的合同管理表现在项目运作效率、效益的提升,因此结合项目实际情况和特点,在法律规定范围内,依据地区或行业范本,细化专用条款,将奖惩约定和信用评价考核内容引入合同条款,设立优质优价奖罚价款,对表现突出的个人和团队予以奖励,将检查标准和授奖结果予以公示,接受大家的监督。通过合同条款,推动承包商自发管理项目,实现项目标准化管理和标杆管理。

(2)依法依约严格合同全过程管理。

好的合同条款只是合同履行的第一步。为确保项目顺利推进,承包商保质保量履行合同,必须对合同实行全过程管理,在强调共赢的同时,以合同为依据,以法律为准绳,严格变更审批手续,善用法律武器处理合同纠纷,保障项目顺利推进。

第9章 项目交通转换及施工组织

9.1 交通转换及施工组织的统筹策划与部署

佛开高速公路南段改扩建项目位于交通拥堵"瓶颈"地段,社会关注程度较高,为避免造成施工期间拥堵加剧现象出现,需要在大交通流量下边通车边施工,给项目部署交通转换及施工组织带来了巨大的挑战。

为力保交通畅通,交通运输组织设计阶段的工作成为高速公路改扩建的重点,合理有效的组织设计,可以使道路资源得到最充分的利用,保证道路的畅通,让车辆井然有序、便捷、快速地通行。

9.1.1 力保交通畅通

(1)确立交通布控分流总体方针。

经反复研究,项目确立了"提前预告、结点分流、逐级设防、现场处置"交通布控分流的总体方针。

提前预告,即在车辆驶往本区域的各个方向,在可以分流的相关路网的互通立交、收费站等交通枢纽位置,提前设置大型指示牌,提示车辆绕行,提前疏导交通压力,并在施工区域相邻服务区的显著位置设置提示标志牌及分流图。结点分流,即对具体路况提前预告后,在关键的互通立交、收费站等分流结点,均设专人分发交通指引材料,确保车辆安全顺利通过。逐级设防,即每个分流点前均设置提示牌对过往车辆进行多次提示,以免驾驶员错过提示标志,在提示标语上,做到简洁明晰,语气从温馨提示逐次加重,确保驾驶员重视。现场处置,即在施工现场安排专职安全人员,对个别驶入重点路段的大型车辆采取及时疏导,使其顺利驶离施工区域。当有车辆在施工区域出现故障时,及时进行合理处置。

(2)制定力保交通畅通有效措施。

为力保在施工过程中能够交通畅通,通过影响因素分析,项目采取了多项措施:在道路提示标志方面,要求道路的提示标志清楚、详细,反光效果好,提示标志的设置地点、内容须经过交警、路政部门的审批;在夜晚、雨天视线不好时,根据实际需要,配以电子指示牌或安装灯光主动照射指示牌,以指示分流;对于绕行提示牌(图9-1)的维护和更换,组织专门的人员及队伍负责,如需更换时,提前告知路政、交通部门,做到快速、准确。在应急响应方面,在正式封路施工前,做好每一施工路段的应急预案,并上报交警、路政部门;联系交通、路政部门,做好施工人员的安全教育工作,必要时可以增加提前演练步骤,防止实际封路时出现紧急情况,难以处理。在施工时,积极配合交警、路政部门维护交通秩序。在路况信息沟通方面,加强信息沟通,及时将施工信息报到监控中心,以充分利用可变情报板发布路况;对由于施工或交通事故原因引起的现场标识不清、路面坑洼不平等,及时恢复完善,以保障交通能正常畅通;在低填路段预计车流量较大位置,临时设置港湾式停车带,以便于故障车的疏散。

图 9-1　道路标志

9.1.2　确保交通运输安全

(1)落实交通安全职责。项目要求施工单位项目部建立安全领导小组,由项目经理任组长,其他各科室负责人为组员,管理人员中安排三人专门负责交通安全管制的具体工作,切实做到责任到人、落到实处。

(2)建立沟通协同机制。项目要求施工单位在施工时将详细的施工计划及位置提前通知监控中心、路政科和管辖区高速公路交警大队,相互协助,共同维护好施工路段的安全和秩序。

(3)完善现场交通管控要求。现场交通标志在遵守国家规范的基础上,从严要求,通过适当加密锥标的设置间距,防止轿车等小型车穿插超越引发交通事故;通过现场设置彩旗,提醒过往驾驶员注意已进入施工路段;通过增加人性化提示标牌(图9-2、图9-3),在维护交通安全的同时树立文明施工的良好形象。每段施工作业区的交通安全控制工作要经过项目部交通安全领导小组的全面检查,确保万无一失。

图 9-2　现场交通标志

图 9-3　施工标志牌

(4)严格施工人员管控要求。要求施工单位严格落实全部现场施工人员岗前培训制度,为每个施工人员办理人身意外保险并签署安全协议,施工人员施工时须穿戴安全作业服装,严禁越过安全作业区,以确保交通车辆行驶安全,确保施工人员的生命安全。

(5)加强施工车辆安全管理。关于施工车辆安全保证措施方面,要求驾驶员必须持证上岗,严禁无证驾驶,施工车辆上路时悬挂"施工车辆"的醒目标志牌。应特别注意车辆掉头安全,同时要礼貌行车,严禁超速行驶、不按规定行驶。

(6)其他交通安全措施。项目管理处要求所有施工人员必须积极与高速公路交警、路政人员配合,无条件听从交警、路政人员的管理。一旦发生车辆损坏或交通事故,影响道路的通行,可视情况大小灵活解决。如问题较易排除,交通安全管理人员可以根据自身情况帮助解决;对于较大的事故,应及时通知当地交警、路政人员,报告事故发生的时间、地点、车辆种类、数量及人员伤亡情况,并帮助交警、路政人员清理现场,及时疏通交通。若堵塞过度,根据具体情况,采用开放作业区或其他疏导方式。

9.1.3　适应环境变化

由于施工时外界环境变化不可控,统筹规划时,应充分考虑雨季施工、节假日施工等方面的因素,以保证整个过程适应环境的变化。

(1)雨季施工措施。

由于项目所处地雨季时间较长,软基处理、路基土石方、涵洞通道、桥梁桩基、路面结构层等施工等受雨季影响大,工期紧,所以针对这一特点,制定合理的雨季施工措施,合理安排工期计划,把雨季对工期的影响降到最低。

首先,雨季填筑路堤应随挖、随运、随填、随压实,依次进行,每层表面筑成2%~3%的横坡,开挖或填筑的土质路基边坡及时进行防护,防止雨季时雨水冲刷坡面造成水土流失。其次,采取技术措施保证雨季路基交工验收,保工期、保质量。面对雨季交工验收路基的极端不利情况,科学提出在路床顶面利用水稳料补强的方案,技术助推进度,在雨季路基交工验收中路床技术补强处理7次,处理长度达9.2km,为提前通车提供技术保证。除此之外,在日常工作中,对进度存在问题的标段,采取书面指令、处罚、发文通报、约谈上级单位主管领导逐点落实等多种手段,督促施工单位采取增加人员和机械设备投入、增加作业面等有效措施,基本上在雨季来临前完成路基主体施工。

（2）节假日施工措施。

佛开高速公路是粤西交通大动脉,节假日常常会面临交通拥堵影响施工或节假日施工用人缺乏的情况,基于此,应采取措施保证节假日的施工及交通的正常运行。

首先,加强重大节假日"保安全,保畅通"工作,与交警、路政部门成立路警联动机构,并组织定期或不定期检查,消除安全隐患,设置警示牌、临时隔离墩、拯救车驻点、仿真人等设施(图9-4~图9-7),保障施工、交通安全。其次,配置交通协调员,协助交通组织管理、事故快速处理。另外,建立互联网+应急监控指挥平台,对高速公路现有的业务数据进行整合,逐步建立更加完善的"大监控"工作体系,对施工现场实现实时监控,在发生危险时及时处理。

图9-4 交通协调员临时站房

图9-5 拯救车驻点

图9-6 路肩禁行标牌

图9-7 仿真人

针对节假日施工单位缺人的问题,未雨绸缪,"用钱留人"。如为解决春节前后"用工荒"难题,提前制定《节假日(春节)补偿、奖励措施》,鼓励施工班组在工地过春节,并给予一定的奖励和补偿。经过策略性(适度从严)的节点安排,全线共有232名一线工人在工地过春节,正月初七全面复工,使得关键工期得以保障。

9.1.4 遵守审批流程

交通运输组织涉及多方主体,因此交通组织方案制定与评审需要联合交警、路政、业主现场实地考察,提交方案评审通过后方可实施,任何更改需要经过交通管理部门重新复评。为避免管理疏忽,项目管理处针对交通运输组织设计制定了工作流程(图9-8)及有关规定,要求交通运输组织设计工作严格遵守审批流程及有关规定。

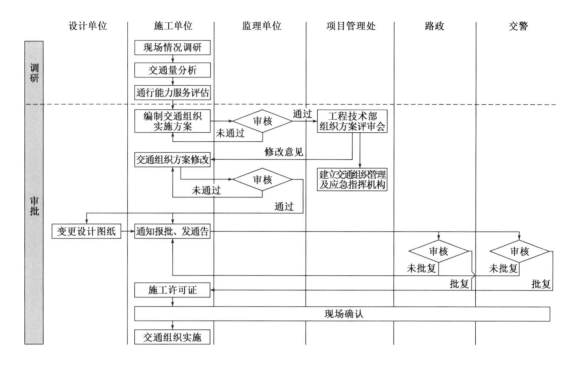

图9-8 交通组织设计工作流程

9.2 大交通流量下施工的交通转换方案设计

9.2.1 区域条件及交通组织难点分析

1)项目区域主要相交道路概况

佛开高速公路是广东省通向粤西的交通大动脉,其中起点谢边至三堡段已于2012年12月完成四车道扩八车道的改扩建工作,其中,本次佛开高速公路南段改扩建范围的三堡至水口(佛开高速公路终点)段长33.264km,目前仍为双向四车道。与本项目相交道路:国道325、省道270、江肇高速公路、江鹤高速公路、新台高速公路、沈海高速公路佛开段、沈海高速公路开阳段、江罗高速公路、广中江高速公路等。与本项目平行道路:国道325、省道364。

2)项目交通组织难点分析

(1)项目规模大、工期紧。

项目改扩建将对全线进行路基、桥涵补强或拆除重建、路面改造,调整纵坡,改建或新建立交,对现有的交通安全设施等设施进行改建,工程规模大,这给道路施工交通组织带来较大的困难。

（2）交通流量较大。

佛开高速公路南段作为区域内南北向交通主通道，项目经过区域经济较为发达、交通量大，其中相当一部分为过境交通。在佛开高速公路南段改扩建改造期间，如何有效疏解分流过境交通将是改扩建工程交通组织中的一个重大难点。

（3）沿线城镇依赖性高。

沈海高速公路（佛开高速公路南段）作为通往粤西最为便捷的通道，使得沿线城镇出行对佛开高速公路南段有着较强的依赖性。而佛开高速公路南段改扩建，出行的强依赖性被打乱，必然给沿线城镇的正常出行带来较大干扰，也给佛开高速公路南段改扩建交通组织带来更大难度。

（4）社会影响较大。

沈海高速公路（佛开高速公路南段）作为广州与湛江之间主要公路干线，对区域经济的快速发展起了极大的推动作用，同时对沿线工农业的发展布局产生了巨大的影响，因此改扩建工程将引起社会关注。

9.2.2 项目交通转换方案设计和优化

1）总体思路

通常改扩建项目采用加宽形式进行扩容。常见的高速公路改扩建的加宽形式主要分为单侧加宽和两侧加宽，又可以根据横向分布形态上的不同分为单侧拼宽、单侧分离增建、两侧拼宽、两侧分离增建四种形式。通常，在路面施工、桥梁拼接、桥梁顶升施工及跨主线桥拆除重建时通过中分带转化至半幅通车（四车道）分幅分段进行。本项目采用整体式路基两侧拼宽形式（图9-9），边通车边施工的交通组织模式。主线在路基、桥梁下部施工时，封闭硬路肩，原则上维持双向四车道通行。根据项目现场情况，提出了"源头诱导、路网分流、内部管控、客车优先"的交通组织设计理念。

2）全线控制性因素分析

交通转换方案的选择与优化需要考虑多方因素。结合佛开高速公路南段改扩建项目的实际情况，项目的交通转换需要考虑以下控制性因素：

（1）受全线工期控制性工程影响，特殊段落的交通导改方案和时间需要特殊对待。1标的K47+600、3标的K69+967、4标的石步河大桥，由于其工作内容的特殊性和总体工期限制，需要提前将两侧加宽桥做好后，提前将交通转换至两侧新桥，封闭既有线左右幅进入中间区域施工。

（2）路基交工验收受到软基段落及个别台尾堆载预压影响，1标、2标与3标、4标的路面施工区别对待，交工通车时间分开考虑。

（3）从全线总体工程量和施工难度分析，由于1标、2标工程量相对较小、施工难度小，3标、4标施工难度和工程量相对较大和复杂，所以可以考虑1标、2标作为单独交通转换单元提前通车，最终实现了2019年春运前通车；3标、4标2019年底通车。

3）交通转换方案比选和优化

结合项目的实际情况与项目总体进度要求，项目管理处共制定两种交通转换方案。

方案一（图9-10）：原设计总体交通转换方案，即完成左幅加宽路面后，整幅交通转换至左幅双向四车道,封闭既有线右幅,在加宽右幅和既有线右幅换板和路面罩面施工,改造半幅新泽西护栏及其他相关工程(天桥中间墩、机电交安、交工验收);然后再转换交通至右幅,封闭左幅及加宽左幅,对左幅换梁和新泽西护栏改造,对路面罩面,及其他相关工程(机电交安、交工验收等)。

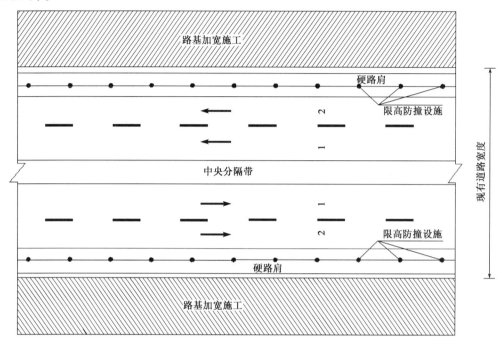

图 9-9 整体式路基两侧拼宽形式
1-箭头表示行车方向;2-阴影表示拼宽部分

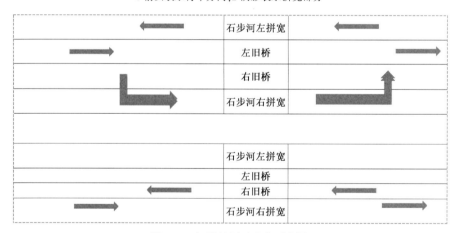

图 9-10 交通转运方案组织示意图

方案二(图 9-11):结合三处特殊段落的工期,将新建桥及两端顺接段路桥完成至中间面层后,车辆分别转入各自的加宽幅,同时封闭既有线左右幅,在既有线内施工加跨桥、换板、改造中分带;然后铺设桥面及过渡段至中面层后,开放一幅(左幅)既有线,将另外一幅(右幅)外侧加宽范围的车辆引入单幅(左幅)双向四车道通车,此时封闭右幅整体罩面;相关标志标线完成后,按照此步骤再转换交通,封闭左幅,进行全幅罩面。

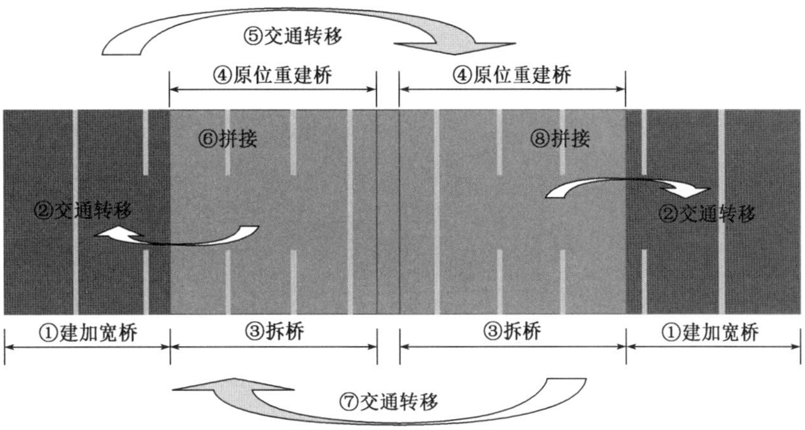

图 9-11 旧桥拆除重建交通组织示意图

方案二有利于 1 标、2 标工期控制,3 标、4 标交通组织通行,有利于中间既有线新泽西改造和桥梁换板作业,采用此方案左右幅一些施工可以同步,留给土建标换板施工的时间接近 90 天,工期富余较多,可控性较强。基于此,选择方案二作为交通转换方案。佛开高速公路南段改扩建项目各标段现场道路总体规划见附表3。

4)交通转换方案其他配合措施

(1)车辆进出场地安全管理。在该交通转换方案下,运梁需要经过收费站,加宽范围的运梁也需要进入既有线硬路肩停靠;在总体运输方面,全部运输车辆均需通过收费站,增加相应的运输成本,涉及一定的费用补偿问题。

(2)安全防护措施。在实施交通转换时,需要细化交通车辆、施工车辆进出口防护方式、设施位置;适当增加一些桥梁临时防护,避免出现安全问题;转入外侧车道行车前应该安装好防撞栏(或波形护栏);转线过渡段及相关标志、标牌技术问题,需要通过变更设计解决。

(3)交通疏导应急预案。应当编制交通疏导应急预案,当因交通事故、车辆故障、交通量过大等偶发事件导致交通堵塞时,可以迅速疏散交通、解决堵塞问题。

(4)制定交通管制通告。只要涉及车种禁限和流向禁限内容的,如禁限时间、禁限流向或车种、增加特殊管制要求等,都应该提前以交通管制通告的方式告知社会,以避免出现群众不清楚交通组织调整的内容而造成的出行不便和秩序混乱。

9.3 大交通流量下施工组织的保障措施

9.3.1 保安全保畅通专项措施

(1)编制安全风险评估方案。

佛开高速公路南段改扩建项目管理处按照交通运输部《关于发布高速公路路堑高边坡工

程施工安全风险评估指南(试行)的通知》(交安监发〔2014〕266号)要求,全面实施施工阶段路堑高边坡工程施工安全总体风险评估工作,辨识主要施工风险,并制定预防措施。根据风险评估结果,施工单位完善施工组织设计和危险性较大工程专项施工方案,编制相应的专项应急预案。同时施工单位在项目管理处组织的总体风险评估基础上,将风险等级达到高度风险(Ⅲ级)及以上的桥梁和路堑高边坡作为评估单元,进行专项安全风险评估。在分项工程开工前,施工单位针对具体施工方案组织风险识别会议,对"危险源清单"进行修改和补充。

(2)应用推广安全新技术。

在项目施工过程中推广使用的安全新技术主要包括互联网+应急监控指挥平台、安全工具箱、安全监控系统等。

互联网+应急监控指挥平台(图9-12):在"互联网+"环境下,对高速公路现有的与监控相关的业务数据进行整合,以优化升级高速公路监控管理服务水平为目标,利用移动互联网、大数据、云计算、互联网开放平台等新一代信息技术,逐步建立更加完善的"大监控"工作体系。

图9-12 互联网+应急监控指挥平台

安全体验馆及教育工具箱(图9-13、图9-14):建立专业化安全体验馆,设立教育培训基地,引入多媒体教学设备,如教育工具箱等,分专业、工种对生产一线工人进行专业化技术培训、安全教育。

图9-13 安全体验馆及教育工具箱

图 9-14　VR(虚拟现实)智能安全体验馆及操作平台

安全监控:设立监测点(图 9-15、图 9-16),及时监控、反馈问题。在施工对相邻结构物有扰动或影响时,及时反馈重要信息,及早做好相应防护措施。桥台、涵侧基础接长扰动路基时,要对防护所用钢板桩的变形进行观测,防止台尾、涵侧路基塌方或滑坡,危及行车安全。

图 9-15　桥梁沉降监测点　　　　　　　　图 9-16　桥梁位移监测点

(3)规范现场施工安全管理。

规范化管理桩基施工现场安全管理工作,如泥浆池防护用钢护栏挂安全标志标识(图 9-17),施工便道采用水马围蔽防护(图 9-18)。

图 9-17　桩基泥浆池防护标识　　　　　　图 9-18　施工便道临边防护

开展临时用电标准化管理,采用"三相五线"制,三级电箱统一布设(图9-19)。

桥涵基坑施工设置警示牌、标识牌、责任牌,钢板桩防护等(图9-20、图9-21)。

高边坡施工严格按照"开挖一级、防护一级"的要求,坡顶设置好截水沟,及时做好边坡结构防护(图9-22)。

图9-19 电线套管架空、电箱张贴责任牌及警示标志

图9-20 涵洞基坑施工标识牌警示牌　　　　图9-21 基坑临边围护及钢板桩防护

图9-22 边坡施工围护、防护

门式起重机(图9-23)形成"一机一档",将出厂合格证、检验合格证、操作机手证件以及操作规程制成牌子挂于门式起重机机身(图9-24),安装防撞胶、自动夹轨器等相应安全设施(图9-25)。

图 9-23　门式起重机(天车)

图 9-24　门式起重机操作信息牌

图 9-25　门式起重机防撞胶、自动夹轨器等安全设施

现场焊接施工氧气瓶和乙炔瓶使用自制安全小车(图 9-26),确保气瓶安全距离;氧气乙炔库房进行安全围蔽及警示(图 9-27),并配备灭火器。

图 9-26　表氧气、乙炔瓶手推小车

图 9-27　氧气乙炔库围蔽、警示

(4)规范交通组织现场管理。

为保障路面施工作业人员人身安全及工程作业需要,按规定对路肩或车道进行封闭施工(图 9-28)。

图 9-28　封路肩、封车道

在实施交通转换时,需要细化交通车辆、施工车辆进出口防护方式、设施位置;适当增加一些桥梁临时防护,避免出现安全问题;转入外侧车道行车前应该安装好防撞栏(或波形护栏);注意转线过渡段及相关标志、标牌技术问题。

施工人员安全管理使用信息化技术,设置班前安全讲评台(图 9-29),实施作业人员信息化管理,每名工人基本信息生成二维码粘贴于安全帽上(图 9-30),扫描即可查询工人安全教育及交底情况。

图 9-29　安全讲评台　　　　　　　　　　图 9-30　作业人员信息化管理

制定交通管制通告。只要涉及车种禁限和流向禁限内容的,如禁限时间、禁限流向或车种、增加特殊管制要求等,都应该提前以交通管制通告的方式告知社会,以避免出现群众不清楚交通组织调整的内容而造成的出行不便和秩序混乱。为了保障春运交通安全,除设立路政、交警联动机构外,还增设水马、标牌等交通安全设施(图 9-31、图 9-32)。

图 9-31　设置水马　　　　　　　　　　　图 9-32　增设标牌

9.3.2 突发事件的应急预案

当施工期间由于通行能力的降低,交通已经处于不稳定状态,一些比较微小的干扰都会发生交通堵塞,交通事故等突发事件也会造成交通堵塞。此外,本项目预计工期为 3.5 年,其间有春运、清明、国庆节等节假日交通高峰期,交通组织的压力非常大。因此项目管理处结合交通管制工作的需要,建立协调机构、突发事件应急响应机制(图 9-33)和应急预案,以及时排除因交通事故等造成的交通堵塞。

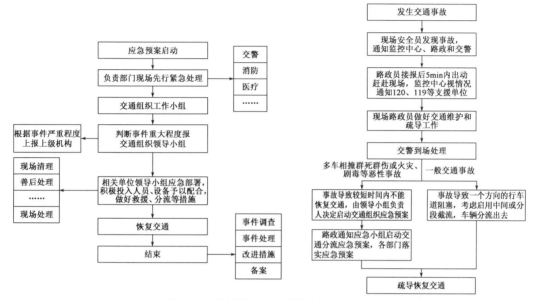

图 9-33 应急处置及突发事件应急响应机制

(1)分类应对交通突发事件。

交通突发事件按 Ⅰ 级(特别重大)、Ⅱ 级(重大)、Ⅲ 级(较大)和 Ⅳ 级(一般)四级分类(表 9-1)。

交通突发事件紧急分类   表 9-1

分类等级	Ⅳ级	Ⅲ级	Ⅱ级	Ⅰ级
性质	一般	较大	重大	特别重大
事件描述	2 车轻微追尾,未造成人员伤亡,停滞时间在 10 分钟内,有应急通道;1 车发生故障或侧翻,救援时间 10 分钟内,有应急通道;其他事件造成停滞时间在 10 分钟之内	3~5 车追尾,未造成人员伤亡,停滞时间在 20 分钟内,有应急通道;1 车发生故障或侧翻,救援时间 20 分钟内,有应急通道;其他事件造成停滞时间在 20 分钟之内	6~10 车追尾,造成 2 人以内人员伤亡,停滞时间在 60 分钟内,有应急通道;频繁发生故障或侧翻,救援时间 60 分钟内,有应急通道;其他事件造成停滞时间在 60 分钟之内	10 车以上追尾,造成 2 人以上人员伤亡,停滞时间在 60 分钟以上,无应急通道;车流频繁发生故障或侧翻,救援时间 60 分钟以上,无应急通道;其他事件造成停滞时间在 60 分钟以上

针对各类突发事件项目规定可分别采用以下措施:①一般突发事件上报后,可现场疏导;

②较大突发事件上报后,宜联动疏导;③重大突发事件上报后,需按预案执行;④特别重大突发事件应上报地方交通主管部门,按预案执行。

突发事件的处理包含下列内容:①运用各种手段快速定位事故,获取相关信息,确定事件类型;②各相关部门积极协调配合救援;③及时向公众发布路况信息;④在处理过程中应根据具体情况调整方案。

(2)制定应急响应预案。

由于交通管制及应急牵涉到交通、公安、路政、设计、施工等单位许多部门,因此项目管理处专设安全管理部作为应急响应工作机构,与政府及其他相关机构形成协同工作机制,共同维护佛开高速公路南段改扩建期间的交通疏导,提高交通应急响应的决策效率和应急处置的精准性。在交通运行出现异常情况下应注意观察,收集信息,为启动应急预案做准备。

项目管理处牵头,与施工单位共同制定应急响应预案,统一部署应急响应工作。预案内容包含:相关部门的救援人员、救援物资的统一指挥和调配;清障、疏通、医疗、消防和其他救援活动的开展;救援过程中的实时监控和指挥调度、信息反馈。预案随着外界变化动态调整。

9.4 项目大交通流量下施工的成效及经验总结

9.4.1 大流量交通施工组织实施成效

本项目具有施工线路长、地形复杂等特点,因此科学管理、周密计划、强力执行非常重要,在施工生产中要严格按施工计划投入合理的人力、物力,加强开工前技术交底,严抓工序施工质量,避免不必要返工,保证按时完成施工计划。在施工过程中要加强和业主、设计、监理等单位联系,听取合理意见,使施工中出现的问题能及时处理,及时、有效地控制施工质量;不断优化混凝土配合比及施工方案,积极开展质量通病的防治工作。在施工过程中,要根据实际情况,在确保混凝土强度的前提下合理调整混凝土配合比,提高混凝土的外观质量。

佛开高速公路南段改扩建项目 TJ2 合同段,从 2017 年 8 月开始正式施工到 2019 年 1 月 23 日完成本标段包含 K57+000~K61+100 段土建工程(全长 4.1km)及 K46+600~K61+100 段路面工程(全长 13.5km),并通过广东省交通运输工程质量监督站的抽检验收,施工进度之快,刷新了广东省高速公路改扩建工程纪录,且实现了安全及质量零事故。

9.4.2 大流量边通车边施工经验总结

(1)重视施工与交通组织方案优化。施工交通运输组织管理不精细、交通秩序维持措施不到位,会造成施工过程中出现堵车甚至中断交通的现象,造成不良的社会影响和重大的经济损失。因此,应高度重视施工预交通运输组织方案比选,从宏观的总体交通方案(各标段施工内容的安排、互通立交等交通转换节点施工的交通组织、可行的地方道路分流方案及相关费用等)到各个施工细部的交通维护(包括施工方案、施工工序对交通的影响及由此可能带来的问题),尤其是临时交通组织(中分带拆除、匝道拆除重建、高边坡开挖等)、跨线桥改造等对交通影响较大的施工内容,尽可能在设计阶段就落实方案内容。同时注意与政府路政部门、建设单位、监理单位与施工单位等单位紧密配合,明确维持交通秩序的管理办法,以及保证交通通畅和维持正常交通秩序的保障措施,指定专人监管落实,一旦发现问题要及时组织处理,采取相应的措施,避免交通组织不善引起的不良后果。

(2)提高工效统筹部署交通运输方案。选择交通转换方案时,在确保安全通车的前提下,应以提高工作效率为关注焦点。在加宽方案选择方面,改扩建项目如果左右侧同时加宽,会出现典型的面广量小、左右幅难以兼顾、工作效率低等情况,因此,可以采用单侧加宽方式,有效提高工作效率。在便道设置方面,如果左右侧同时加宽,则便道的设置尽可能左右幅单独设置,为后期施工提供极大的便利。在机械设备配置方面,考虑到现场狭窄、施工点多量小,因此配备合理的机械设备,做好前后工序衔接,避免人员、设备来回调动带来窝工降效。

(3)合理设置临时交通标志设施。高速公路施工时,临时交通标志的设计与设置是保证高速公路在不封闭交通的情况下顺利完成高速公路建设的重要条件,是高速公路交通组织方案中重要的组成部分。因此,在临时交通标志的设计中,须根据高速公路施工中可能出现的各种施工组织、交通组织以及各种突发情况,制定不同的临时交通标志设置方案。同时从经济性、安全性出发,合理设计临时交通标志的版面和支撑方式,以充分发挥临时交通标志的有效功能,保障高速公路建设安全实施,减少车辆的错行、误行,使车辆安全、顺利地通过施工路段。

(4)及时总结交通应急处理情况。应急处理工作结束后,项目部在24小时内编制报告,报业主、监理及公司相关部门。报告应包括以下内容:发生事故的单位;事故发生的时间、地点、事故的简要经过;直接经济损失的初步估计;事故原因、性质的初步判断;事故抢救处理的情况;需要有关部门和单位协助、支持的事宜;事故报告人、报告时间等。紧急情况或事故处理结束后,项目部及相关人员应进行总结、分析,吸取事故教训,及时整改,防止类似事故再次发生。

第 4 篇

整合管理　精准管控势如虹

　　科学管理安全路，点线之间创一流。佛开高速公路南段改扩建项目从开工时起，就深入落实整合优化思想，对项目质量、工期、安全、成本等多目标实施整体优化，增强质量观念，实行"首件制"管理；强化工期意识，精准管控造价；深度优化设计方案，确保项目工期与质量；强化安全意识，争创平安工地；坚持党建引领方针，实现项目廉洁高效。同时考虑项目全生命周期方案优化，通过项目工可修编阶段的设计优化、勘察设计阶段的方案优化、交通运输和施工组织方案的优化，为项目的全面推进保驾护航。

　　静水流深，沧笙踏歌。人们常说：和气浮于面，锐气藏于胸。但是"霸蛮"的佛开高速公路南段改扩建项目建设者，并没有将"锐气"藏着掖着：静虑深思在事前，一旦决断，如蓄势待发、即将出鞘的利剑，奋勇向前，披荆斩棘，锐不可当！

第10章 项目进度管理

10.1 进度管理目标与计划编制

10.1.1 进度控制目标初始要求

工程建设项目建设全过程是指从项目的设想、选择、评估、决策、设计、施工、竣工验收、移交使用的整个过程,它包括项目的决策阶段、设计阶段、施工阶段和竣工移交阶段,各阶段彼此相互影响。项目进度管理一直是项目冲突的最主要因素,如何有效控制项目全过程进度是每位项目管理者都面临的棘手问题。

全过程进度管理是一个动态管理过程,它包括各阶段的进度目标分解、计划编制、实施、跟踪检查和进度计划的调整等一整套流程,是工程管理的重要组成部分。本项目立项至竣工验收阶段原计划工期为6年,施工阶段计划工期为4年。项目初始总进度目标、各年度进度计划分别如表10-1、表10-2所示。由于前期进度推后,项目实际开工日期为2017年6月,因此施工阶段工期由原来的4年改为3.5年。

项目初始总进度计划 表10-1

阶段性进度目标	时间节点
完成工程可行性研究报告	2014年12月
完成初步设计	2015年10月
完成施工图设计	2016年9月
全线开工建设	2016年底
全线建成通车	2020年底

各年度进度计划 表10-2

任务名称	计划开始时间	持续时间
核准立项	2016年1月1日	180天
压矿储量评估	2016年4月1日	120天
林地手续报批	2016年1月1日	150天
初勘初测	2016年3月1日	90天
初步设计	2016年5月1日	60天
施工图设计	2016年5月10日	90天
造价咨询招标	2016年5月20日	70天
土建施工及监理招标	2016年4月15日	165天

续上表

任 务 名 称	计划开始时间	持续时间
主要材料招标	2016年6月15日	105天
电力、通信管线迁改方案招标	2016年7月1日	180天
用地手续报批	2016年4月1日	260天
土地房屋征收	2016年5月1日	240天
征地拆迁合同签订	2016年5月1日	120天
试验检测招标	2016年12月1日	160天
材料报批	2017年1月1日	60天
全线交地与拆迁	2016年9月1日	330天
左、右幅路基软基处理、加宽、涵洞基底处理、接长	2017年7月1日	450天
中、小桥加宽	2017年10月	180天
石步河大桥新建	2017年7月	450天
路面加宽范围左幅面层第二层	2018年7月	180天
第一次交通转换	2019年1月	10天
右幅交给施工	2019年1月	360天
第二次交通转换	2020年2月	10天
左幅全部交给施工	2020年2月	180天
第三次交通转换,全线通车	2020年8月	20天

10.1.2 进度计划编制及控制关键点分析

考虑到实际开工日期比计划工期推后,在结合项目施工条件、区域状况、交通转换组织方案等情况的基础上,项目管理处经反复计算优化,统筹考虑,初步制定出的施工总进度计划如图10-1所示,并据此提出本项目的进度关键控制工作的具体要求:

(1)征地拆迁。

既有线外侧征地、管线拆迁全部移交90%以上,并形成连续作业面达70%以上的状态,时间要求不得迟于2017年底。确保如期交地是本项目的难点。

(2)主体工程开工。

主体工程的石步河大桥桩基础开工时间不得迟于2017年7月;K47+600的加跨桥、K69+975加跨桥及石步河桥的交通转换方案需要根据实际情况做适当调整,计划第一次转线即转入两侧新建桥上通车,封闭既有线左右幅对相应桥梁进行改造,且不得迟于2018年8月底实施。

(3)交通转换。

第一次交通转换时间不得迟于2018年10月底,且必须完成全部中小桥加宽下部结构和上部结构架梁和桥面铺装等形象进度;第二次交通转换时间不得迟于2019年6月底,且必须完成全部路基内结构物改造等形象进度;第三次交通转换时间不得迟于2019年10月底,且必须完成中央分隔带施工、路面左幅施工至中面层形象进度;第四次至第五次交通转换主要解决路面上面层及路桥衔接段、中央分隔带、交通标志线等局部问题。

各标段施工进度规划如表10-3~表10-6所示,项目总体进度分析及各标段交地情况分别见附表4、附表5。

1A

佛开高速公路南段改扩建项目第一合同段总体进度规划

表 10-3

序号	分项项目	单位	总数量	起始时间	2017年8月底前完成	2017年12月底前完成	2018年1月底前完成	2018年1月底前完成比例	2017年 7月	2017年 8月	2017年 9月	2017年 10月	2017年 11月	2017年 12月	2018年 1月	2018年 2月	2018年 3月	2018年 4月	2018年 5月	2018年 6月	2018年 7月	2018年 8月	2018年 9月	2018年 10月	2018年 11月	2018年 12月	2019年 1月	2019年 2月	2019年 3月	2019年 4月	2019年 5月	2019年 6月
1	路基																														
1.1	清淤换填	m³	30530	2017.7—2017.10	10000	30530	30530	100%	2000	8000	10530	10000																				
1.2	水泥搅拌桩	m	144635	2017.7—2017.12	44635	144635	144635	100%	22000	22635	24000	27000	27000	22000																	
1.3	填方	万m³	29.5	2017.8—2018.1	3	24	29.5	100%		3	5	5	6	5.5																	
1.4	挖方	万m³	69.4	2017.8—2018.2	5	53	65	94%		5	12	15	15	12	4.4																
1.5	轻质土	m³	37658	2018.1—2018.2, 2019.3		20000	20000	53%							20000	7032										10626					
1.6	挡土墙	m	1857	2017.8—2018.1	300	1560	1860	100%		300	300	300	300	360	300																
2	涵洞																														
2.1	盖板涵	座	29	2017.8—2017.12	3	29	29	100%		3	6	6	7	7																	

续上表

序号	分项项目	单位	总数量	起始时间	2017年8月底前完成	2017年12月底前完成	2018年1月底前完成	2018年1月底前完成比例	2017年 7月	2017年 8月	2017年 9月	2017年 10月	2017年 11月	2017年 12月	2018年 1月	2018年 2月	2018年 3月	2018年 4月	2018年 5月	2018年 6月	2018年 7月	2018年 8月	2018年 9月	2018年 10月	2018年 11月	2018年 12月	2019年 1月	2019年 2月	2019年 3月	2019年 4月	2019年 5月	2019年 6月
2.2	圆管涵	座	9	2017.8—2017.10	1	9	9	100%		1	4	4																					
3	桥梁																															
3.1	桩基础	根	148	2017.8—2018.3 2018.10—2019.1	5	85	105	71%		5	20	20	20	20	20	10	17						4	4	4	4							
3.2	立柱	根	26	2017.12—2018.4 2018.10—2019.1		5	10	38%						5	5	5	6						1	1	1							
3.3	盖梁	座	16	2018.2—2018.5 2018.11—2019.1												4	5	4	2				1	1	1							
3.4	桥台	座	42	2017.12—2018.6 2018.11—2019.2		5	12	29%						5	7	5	5	5	5	5			1	1	1	1						
3.5	梁板架设	片	496	2018.2—2019.4															30	30	30	20	30	30	60	48	30	18			
3.6	桥面铺装	m	1136	2018.8—2018.12 2019.5																5												
3.7	防撞护栏	m	1136	2018.3—2018.9 2018.12—2019.5																												

表 10-4

佛开高速公路南段改扩建项目第二合同段总体进度规划

序号	分项项目	单位	总数量	起始时间	2017年8月底前完成	2017年12月底前完成	2018年1月底前完成	完成比例	2017年 7月	2017年 8月	2017年 9月	2017年 10月	2017年 11月	2017年 12月	2018年 1月	2018年 2月	2018年 3月	2018年 4月	2018年 5月	2018年 6月	2018年 7月	2018年 8月	2018年 9月	2018年 10月	2018年 11月	2018年 12月	2019年 1月	2019年 2月	2019年 3月	2019年 4月	2019年 5月	2019年 6月	2019年 7月	2019年 8月	2019年 9月	2019年 10月	2019年 11月	2019年 12月
1	路基																																			
1.1	清淤换填	m³	26332	2017.7—2017.10	8000	26332	26332	100%	4000	4000	9332	9000																								
1.2	水泥搅拌桩	m	48987	2017.7—2017.10	19000	49000	49000	100%	5000	14000	14000	16000																								
1.3	管桩	m	3141	2017.8—2017.8	3141	3141	3141	100%		3141																										
1.4	挖方	万m³	32.78	2017.7—2018.1	6	28	33	101%	2	4	5	6	6	5																						
1.5	路基填筑	万m³	13.5	2017.9—2017.12	0	13.5	13.5	100%			3	3	4	3.5																						
1.6	挡土墙	m	235	2017.8—2017.10	80	235	235	100%		80	80	75																								
2	涵洞																																			
2.1	盖板涵	座	18	2017.8—2017.10	6	18	18	100%		6	6	6																								
2.2	圆管涵	座	7	2017.8—2017.10	1	7	7	100%		1	2	4																								
3	桥梁																																			
3.1	桩基础	根	62	2017.10—2018.3	6	38	46	74%				6	8	8	8	8	8																			
3.2	桥台	座	16	2017.8—2018.4		8	10	63%					2	2	2	2	2	2																		
3.3	梁板架设	片	300	2018.5—2019.3														28	40	40	32	32	32	32	32	32										

续上表

序号	分项项目	单位	总数量	起始时间	2017年8月底前完成	2017年12月底前完成	2018年1月底前完成	2018年1月底前完成比例	2017年 7月8月9月10月11月12月	2018年 1月2月3月4月5月6月7月8月9月10月11月12月	2019年 1月2月3月4月5月6月7月8月9月10月11月12月
3.4	桥面铺装	m	374	2018.4—2019.1 2019.4.15							
3.5	防撞护栏	m	390	2018.5—2018.7.15 2019.2—2019.4							
4	路面										
4.1	垫层	m³	95501.55	2018.3—2018.7					22000		
4.2	水稳	m³	193921.7	2018.3.15—2018.9.15					21000 21000		
4.3	砼基层	m³	180372	2018.4—2018.9							
4.4	ATB下面层	m³	84106	2018.5—2018.10.15							
4.5	中面层	m³	53066	2018.11.20—2019.5.10 2019.9.30							
4.6	上面层	m³	54726	2018.6—2018.12 2019.6—2019.12							
4.7	中分带改造	km	66.8	2018.9—2019.10							

佛开高速公路南段改扩建项目第三合同段总体进度规划

表 10-5

序号	项目	分项	单位	总数量	起始时间	2017年8月底前完成	2017年12月底前完成	2018年1月底前完成	完成比例	2017年 7月	8月	9月	10月	11月	12月	2018年 1月	2月	3月	4月	5月	6月	7月	8月	9月	10月	11月	12月	2019年 1月	2月	3月	4月	5月	6月	7月	8月	9月
1	路基																																			
1.1		清淤换填	m³	15610	2017.7—2017.9	7610	15610	15610	100%	3000	4610	8000																								
1.2		水泥搅拌桩	m	216345	2017.7—2017.12	70345	216345	216345	100%	30000	40345	40000	40000	40000	26000																					
1.3		挖方	万m³	27.12	2017.7—2017.12	3	20.12	24.12	89%	1	2	2	5	5	5.12	4	3																			
1.4		路基填筑	万m³	16.2	2017.10—2018.3		12	16	99%					3	4	4	5	1																		
1.5		轻质土																																		
1.5.1		桥头位置	m³	4675	2018.5, 2019.3															3000									2675								
1.5.3		石拱涵重建	m³	32366	2017.12—2018.1 2019.3	0	14000	14000	43%						14000	4000	10000									1500	1500	1500								
1.6		挡土墙	m	1328	2017.8—2018.3	100	1030	1230	93%		100	200	200	260	270	200	100																			
2	涵洞																																			

续上表

序号	项目	分项	单位	总数量	起始时间	2017年8月底前完成	2017年12月底前完成	2018年1月底前完成	2018年1月底前完成比例	2017年 8月	9月	10月	11月	12月	2018年 1月	2月	3月	4月	5月	6月	7月	8月	9月	10月	11月	12月	2019年 1月	2月	3月	4月	5月	6月	7月	8月	9月
2.1		盖板涵	座	18	2017.8—2017.11 2018.10—2019.3	4	16.5	16.5	92%	4	4.5	4.5	3.5											0.25	0.25	0.25	0.25	0.25	0.25					
2.2		圆管涵	座	6	2017.8—2017.11	1	6	6	100%	1	1	2	2																					
3	桥梁																																	
3.1		桩基础	根	252	2017.8—2018.3 2018.10—2019.3		160	194	77%	24	34	34	34	34	28									3	3		1	1	1					
3.2		桥台	座	50	2017.11—2018.5 2018.12—2019.3		16	24	48%			4	4	4	8	8	8	4								1	1	3						
3.3		梁板架设	片	782	2018.3—2019.5																														
3.4		桥面铺装	m	1443	2018.5—2018.8 2019.4—2019.7												40	40	50	60	60	60	60	60	60	60	60	60	40	42				
3.5		防撞护栏	m	1443	2018.6—2018.9 2019.5—2019.8													150	150	200	200	230							150	150	200	230	

· 80 ·

佛开高速公路南段改扩建项目第四合同段总体进度规划

表10-6

序号	分项 项目	单位	总数量	起始时间	2017年8月底前完成	2017年12月底前完成	2018年1月底前完成	完成比例	2017年 7月	8月	9月	10月	11月	12月	2018年 1月	2月	3月	4月	5月	6月	7月	8月	9月	10月	11月	12月	2019年 1月	2月	3月	4月	5月	6月	7月	8月	9月	10月
1	路基																																			
1.1	清淤换填	m³	29680	2017.7—2017.10	10000	29680	29680	100%	2000	8000	9680	10000																								
1.2	水泥搅拌桩	m	231317	2017.7—2017.12	50000	231000	231000	100%	5000	40000	50000	50000	50000	31000																					
1.3	管桩	m	139577	2017.9—2017.12		139577	139577	100%			30000	40000	40000	29577																					
1.4	挖方	万m³	12.75	2017.8—2017.12	1	13	13	102%		1	1	4	5	2																					
1.5	路基填筑	万m³	28.15	2017.10—2018.3		15	23	82%				3	5	7	8	2	3																		
1.6	轻质土	m³																																	
1.6.1	桥头位置	m³	16560	2018.2—2018.3	0	0	0	0%								11040	5520																		
1.6.2	路基挡墙	m³	31446	2017.12—2018.2	18946	28946	28946	92%						18946	10000	7500																			
1.7	挡土墙	m	275	2017.10—2017.12	275	275	275	100%				90	90	95																					
2	涵洞																																		

续上表

序号	项目/分项	单位	总数量	起始时间	2017年8月底前完成	2017年12月底前完成	2018年1月底前完成	比例	2017年 7月	8月	9月	10月	11月	12月	2018年 1月	2月	3月	4月	5月	6月	7月	8月	9月	10月	11月	12月	2019年 1月	2月	3月	4月	5月	6月	7月	8月	9月	10月
2.1	盖板涵	座	19	2017.8—2017.10	6	19	19	100%	6	6	6	7																								
2.2	圆管涵	座	22	2017.8—2017.12	5	22	22	100%	5	5	5	5	2																						
3	桥梁																																			
3.1	桩基础	根	340	2017.8—2018.2	10	178	220	65%	10	42	42	42	42	32	15	14	15	15	14																	
3.2	梁板预制	片	2326	2018.10—2019.3		110	270	12%							10	100	160	160	160	160	160	120	127	100	89	160	160	160	14							
3.3	梁板架设	片	739	2018.2—2019.5			27									27	70	70	70	70	70	70	70	70	70	70	70	80	50							
3.4	桥面铺装	m		2018.6—2019.6																								51	51							
3.5	防撞护栏	m		2018.7—2019.7																																
	新泽西护栏预制	块	15932	2017.11—2017.9	932	2432		15%					132	800	1500	2000	2000	2000	2000	2000	2000	1500	1500	1500											

10.2 项目进度控制的主要措施

10.2.1 前期准备工作的充足保障

本项目在征地拆迁阶段未雨绸缪、及时统筹，持续性推进征地拆迁工作，从协议签订到各项手续报批，从拆改工作到法律事务管理各个环节都追求高效率的推进进度。原计划于2017年8月底完成交地工作的70%～80%，10月底完成房屋丈量工作和通信管道迁改工作，2017年底完成全部征地拆迁工作。实际上，在广东省高速公路建设总指挥部、地方高速公路建设指挥部、地方政府、广东省交通集团有限公司、建设公司各级领导大力支持下，管理处全力以赴，征地拆迁工作取得了突破性进展，在2017年10月底基本全部完成征地拆迁工作，创造了征地拆迁板块的"广东速度"。

在勘察设计阶段，预见一些拆迁设计方案会对施工造成影响，提前与地方沟通，达成地方"三改、遗留问题"等协议，形成相应的设计方案图纸，达到施工图设计深度，尽量避免后期施工的变更。按照"提前报送，加快审查"的工作思路推进文件报审工作，大幅缩短了设计文件审查和修改时间，为后期工程进度规划赢得了宝贵的时间。通过多层级的方案评审，及早排查隐患问题，不断优化细化设计方案，为顺利施工打下坚实的方案基础。

在招标阶段，积极推进招标进程，在合法合规情况下，利用零散时间并行作业，推进每个标段的招标进程。同时精选施工承包队伍，为日后高效施工，实现优质工程做了基础准备。

10.2.2 周密交通运输组织方案的保驾护航

原计划工期为3.5年，为尽早完成项目实现通车目标，项目管理处挑战管理极限，将施工进度计划调整为2.5年。由于工期大大压缩，安全管理压力剧增。另外，改扩建全过程施工必须维持佛开高速公路主线双向四车道通车，要完成扩建任务，需要3次交通整体转换；有3座旧桥拆除重建，4座天桥跨越佛开高速公路，多处改扩建跨越国、省道，保安全保畅通压力巨大。

项目管理处集合团队专业优势力量，攻坚克难，经过多次推演、反复优化，联合设计单位参照土建分幅施工的划分及施工进展状况，以施工部署与营运车流互不干扰为原则，制定出大交通流量下的交通转换方案。从宏观的总体交通方案（各标段施工内容的安排、互通立交等交通转换节点施工的交通组织、可行的地方道路分流方案及相关费用等）到各个施工细部影响（包括施工方案、施工工序对交通的影响）交通维护都提早落实，制定了交通安全应急预案，在确保项目的交通安全的同时也为施工顺利推进做好了充足的准备。

项目管理处将实际施工管制阶段共划分为五个关键阶段。第一阶段主要进行路基的加宽、桥梁基础及下部结构施工，不拆除现有路侧护栏，基本不影响现状交通。第二阶段主要进行新建路面结构层拼接施工，需占用部分硬路肩，与行车区之间用隔离墩进行隔离，维持双向四车道通行。第三阶段需要进行第一次交通转换，由右幅整体转换至左幅（左线）双向四车道通行,右幅(右线)封闭施工。第四阶段则需要进行第二次交通转换,由左幅转至右幅(右线)双向四车道通行,左幅(左线)封闭施工。第五阶段完成右幅沥青罩面,全线开放交通,双向八车道通车;局部范围过渡段封闭1~2车道通车,继续完善路面、交安、机电等工程,实现工程按计划交工验收。

10.2.3 围绕关键问题的方案落地优化评审

对于筹建初期尚未明确的重大方案,如共和互通立交改造方案及投资界面分摊、新增天桥定址、司前服务区及址山停车区实施与否、石步河大桥拆除重建方案、软基处理方案及高边坡防护形式等,势必会影响工程进展,尤其对征地红线图的定稿与整体用地报批产生较大的不利影响。因此,项目管理处本着"统筹考虑、抓重点问题、逐个落地解决"的原则,通过方案优化,落实关键问题的施工方案,有效保证了项目的顺利进行。

如针对石步河大桥拆除重建方案落地一事,首先根据前期专项桥检报告内容,提出对石步河大桥实施部分改造,采取分离式加宽的方案;然后对该桥梁的病害情况、分离式加宽对交通流影响情况及河道通航影响因素等进行分析,经与设计单位、上级主管部门多次沟通,历经2次通航安全专题论证,终于明确对石步河大桥实施整体拆除重建,通航孔跨径由江门市航道局要求的1×48m改为1×40m,既满足通航净高要求,又降低梁高,减少调坡数量。

10.2.4 质量保证为前提的技术方案的巧妙处理

本项目工期紧,边通车边施工,行车干扰对施工质量影响极大。根据项目总体交通组织及交通转换方案规划,高速公路车流转换至新建范围通行期间,短短一个半月的时间,要争分夺秒完成旧路病害处理、中分带改造、机电管线埋设、罩面等诸多施工内容。通过对旧路病害成因机理的深入分析,结合本项目实际特点,引进"路面高聚物注浆"专利技术处理旧路病害,该技术及材料较传统水泥注浆具有早强、轻质、耐久、快速、无须养生等特点,杜绝了开挖、铣刨带来的既有旧路损伤,减少了材料、资源及工期上的浪费与耽误,达到了根治基层脱空、路基不密实、封堵裂缝等病害的目的。除此之外,为确保拼接及边部碾压质量,本项目通过改善新旧沥青路面搭接台阶切割工艺,落实新旧接缝及边部碾压方案,保障路面后期运行的可持续性。这些技术方案的改进,在提高施工效率的同时也保证了工程质量,确保本项目进度目标顺利实现。

10.2.5 确保关键路径工作按期完成的旱季抢工

以关键线路为主导,点面结合,科学谋划和分工,多措并举,狠抓路基工程施工进度,既可保证质量又节约工期。在雨季来临前基本完成路基主体施工,在雨季受降雨影响较小或工程前期已具备施工条件的涵洞、桥梁基础和下部结构、挡墙等小型结构物可加大投入,全面展开施工。路基填土作业等受降雨影响较大,尽量避开雨季施工,在施工之前需要先与当地的气象部门取得联系,及时掌握近期内的天气变化情况,合理安排施工时间,做好雨水预防工作;还需要对施工现场的排水系统进行完善,确保水流畅通,做到不积水、不堵塞,避免雨水对项目施工造成不良影响。

在日常工作中,对进度存在问题的标段,采取书面指令、处罚、发文通报、约谈上级单位主管领导逐点落实等多种手段,督促施工单位采取增加人员和机械设备投入、增加作业面等有效措施,基本上在雨季来临前完成路基主体施工;通过采取对既有线硬路肩病害处治及改造、挖方段土质较差段落进行换填、路面结构层加强等技术措施,确保了路基交工验收进度和路面结构层施工质量。

10.2.6 施工高峰期统调资源的原材料供应

2018年在国家倡导绿色环保的外部大环境和企业高质量可持续发展内在要求的综合条件下,材料管理遇到了前所未有的挑战。年初各种地材供应紧缺、价格暴涨,年中水泥质量的波动以及年末周期性供应紧张,都大大增加了项目施工进度延误的风险。面对水泥和钢材供应紧张问题,项目管理处向上级公司及时汇报,充分发挥代建方的主导作用:一方面寻求当地政府的协助,另一方面组织标段、供应商到石厂、砂厂调研,在有限的产能下争取到最大资源,将地材短缺对进度的影响降低到最小。同时及时启用备用品牌,灵活选取货源。如2017年10月开始,由于钢筋规格短缺和货源紧张,对1标、3标、4标的桩基、涵洞等结构物进度造成实质性影响等,管理处及时启用钢筋、水泥备用品牌,并通过供应商的信誉及关系"插队"进入市场或厂家"抢货",确保材料及时供应。

为避免采购的原材料质量出现问题而影响工期,项目管理处制定了《工程试验检测管理办法》《工程原材料管理办法》,严控原材料质量,增加检测频率,严格执行"先检后用、合格再用"的基本原则,通过自检、抽检、第三方检测等手段严格确保原材料供应在符合质量的前提下满足施工进度要求。坚决贯彻《广东省交通运输厅关于公路水运工程工地试验室的管理办法》(粤交监督〔2012〕27号),定期组织工地试验室搞好技能比武和能力竞赛活动,联合检测中心开展月度例行检查和日常不定期巡查,对违反相关规定的行为进行处罚。项目管理处还创新检测方法,提出海砂的快速鉴别方法,有效遏制了海砂进场,减少了因原材料质量问题导致工程返工情况发生。

10.2.7 热火朝天的劳动竞赛

利用经济手段,适时开展劳动竞赛,激励标段认清形势、加大投入、加快总体施工进度。对重要施工项目、关键工序、主要形象进度设置节点奖,实现"点对点"刺激。对影响路基填筑的软基处理(水泥搅拌桩、换填、高压旋喷桩等)、涵洞等进度均设置节点奖,有效激励施工进度。

项目管理处根据施工进展或总体进度需要,在适当时间段安排劳动竞赛活动,劳动竞赛期间的进度管理以关键形象进度为核心,对施工组织、质量、安全管理等表现达标、进度管理表现突出的施工单位进行奖励。在劳动竞赛期间,对征地拆迁进度进行动态管控,据实填写相关表格,客观公正核定征地拆迁对竞赛影响的产值。在劳动竞赛期间结合实际情况,充分利用现有工作面增加施工任务。

10.2.8 及时反馈的沟通机制

为进一步提升施工速度,高效解决施工中遇到的突发问题,项目管理处强化与业主、施工单位、当地居民的沟通,并注意管理处内部各部门的沟通,利用现代化信息手段,及时发现问题,快速解决问题,尽量做到随时与多部门联动,问题处理不过夜。

大范围采用信息技术并建立计算机网络管理体系与业主进行沟通。统一信息采集与分析处理方法,配备与业主管理系统相兼容的办公设施以及数据采集人员,确保数据传输的准确性和及时性。建立项目信息管理制度,分配信息管理权限,维护信息管理体系的安全、稳定、正常运行。在工程实施过程中,监督信息管理制度的执行,所有的数据(包括图片和录像)按业主对信息化管理要求以电子文档的形式通过互联网或其他介质传送,缩短审批时间。此外,还利用即时通信软件(公众号平台)进行工程建设辅助管理。

征集当地居民对基本生活保障诉求,实现及时沟通与反馈。通过与相关电力部门协商,做出工作调整,使电力设施的拆迁不影响沿线公用设施的使用。停水、停电、停气、停信号等具体时间提前确定且通知;跟踪补偿费到位情况;强化宣传教育,把建设理念、安全畅通为人民的思想向群众进行宣传教育,一系列保障制度和有关部门的落实实施,大大解决消除了群众对生活保障的担忧,降低了群众抵制征地拆迁的风险,有效减少了阻工事件的发生。

10.3 项目进度控制的成效及经验总结

10.3.1 项目进度控制的实施成效

本项目最终于2019年11月顺利交工验收,圆满完成了任务并比原合同工期缩减了1年的时间,创造了"佛开奇迹",刷新了"岭南速度"。

10.3.2 项目进度控制的经验总结

(1)多方协同,力促进度有序推进。众人拾柴火焰高,通过协同机制,强化与各方的沟通与协调,为项目顺利推进保驾护航。本项目在建设全过程中,无论是征地拆迁、交通运输施工还是材料设备采购,都极大地依靠当地政府、相关部门的力量。代建方为龙头,但依然需要各方力量的配合,"佛开奇迹、岭南速度"是多方协同共赢的杰作。

(2)上下联动保进度、工作责任落地。项目成功依靠的是团队集体的力量。为力保实现提前1年完工的目标,项目管理处在明确进度管理主要人员岗位责任基础上,全员参与、全程跟进,积极主动跟进项目整体进程,做到上下联动、全员互动、步步紧逼,遇到困难时主动寻求上级领导帮助和协调,同时整合工程技术、安全、征地拆迁、合同管理等相关人员,及时跟踪项目进展情况,做到责任落实到人,进展情况每日一报,现场问题随时解决。强有力的岗位责任、团队合作精神的提升保证了项目进度目标如期实现。

(3)方案优化,力破关键问题。欲速则不达,没有优秀的方案就急着施工,会事倍功半。尤其是处于关键线路上的工作,其方案的优化和落实就尤显重要。本着"统筹考虑、抓重点问题、逐个落地解决"的原则,通过方案优化,围绕重点关键问题个个突破,待方案落地后再推进施工,有效避免返工情况的发生,从另一层面也有效保证了项目按期完成。

（4）科技创新，助力工程提前完工。科技是第一生产力。依托项目管理人员优秀的专业技术实力，在改扩建项目上大胆启用单侧硬路肩进行补强，然后利用诸多创新性施工工艺技术，不仅确保了质量，也大大缩短了工期。

（5）动态更新计划，控关键线路。以项目总体计划作为龙头，落实关键路线，综合考虑关键节点的资源约束和施工顺序等限制条件，采用流水施工等方式进行进度管控，并根据通车目标的变动，动态调整总体施工形象进度计划，重新分解落实年度施工形象进度计划，以新的施工关键线路为基础来明确阶段性控制重点，分阶段、有步骤地推进形象进度管理，确保项目提前1年完成。

（6）严控时限，促变更效率提升。项目实施过程中变更在所难免，变更效率直接影响到项目的进程。严格执行变更审批时限规定，定期召开变更会议，及时解决技术、方案问题，按照要求完成变更上报，以提升变更效率，为现场施工扫除障碍，推升项目实施效率。

第 11 章 项目质量管理

11.1 项目质量管理框架

11.1.1 质量管理目标

为做好项目质量管理与安全管理工作,佛开高速公路南段改扩建项目以创建"品质工程"为核心,以"高效、质优、安全、畅通"为理念,提出项目工程交工验收质量评分 92 分以上,竣工验收项目综合评分在 90 分以上,达到优良工程,力争优质工程、代建项目示范工程、省级"平安工地"示范项目,获交通运输部"平安工程"冠名。

11.1.2 质量保证体系

(1)建立质量管理制度,健全质量管理体系,把控实体工程质量

为更好规范管理,提升工程质量,开工以来,项目管理处发布质量及标准化类管理制度 17 项,2018 年进一步完善修编 10 项,有效形成"政府监督、业主管理、社会监理、承包人自检"四级质量保证体系。

结合项目特点及广东省交通运输厅《品质工程实施方案》(粤交基〔2017〕258 号)、《工程质量管理办法》等纲领性文件要求,修补了《工程管理指导手册》《标准化管理手册(含临建标准化、施工作业标准化)》《佛开高速公路南段改扩建项目"优质优价"和"优监优酬"实施办法》《佛开高速公路南段改扩建项目品质工程实施方案(试行)》(图 11-1)等一些实施性管理办法。这些制度的建立有效保证了工程标准化的推进。

(2)落实质量管理制度,明确质量管理责任,运作质量管理体系

项目建立了一套完整的质量管理体系(图 11-2),按照"事前控制、过程监管、事后验收"的原则实行全过程质量管理(图 11-3)。

思想保证:为提高项目成员质量意识,本项目组织专业的教育培训计划,对 ISO 9002 质量体系进行针对性学习,在增强员工专业知识的同时提高员工的事业心、责任感,从而提高工作质量,努力将本项目打造成为质量优良、服务规范的优质工程。

组织保证:本项目严格按照合同约定的人员、资质、仪器完成班组搭建,同时设有组织机构完备、具有专业人才的监理机构,严控施工过程中质量环节。

图 11-1 管理制度

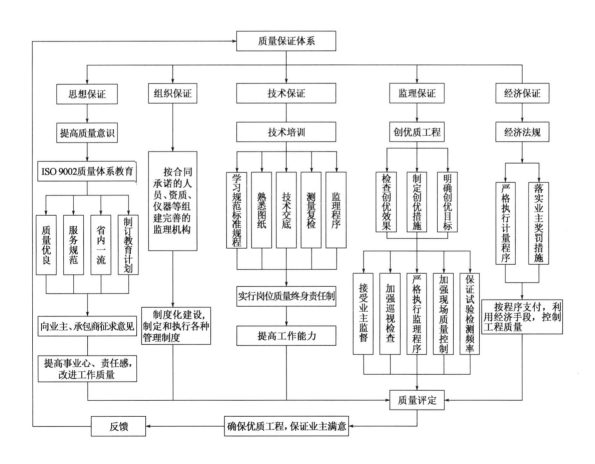

图 11-2 质量体管理体系

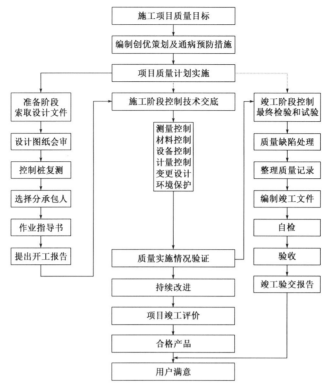

图 11-3 全过程质量管理

技术保证:对相关人员进行专业技术培训,提高工作能力,并实行岗位质量终身责任制,保证责任到人,要求技术人员承担相关责任提高工程质量。通过采取项目管理处及监理的监督、巡查等措施,加强现场质量控制,并进行质量评定,保证项目按照预期效果完成。

经济保证:本项目根据合同及计价规范,严格执行计量程序,落实各项奖罚措施,按程序支付,利用经济手段来控制工程质量。采用设立"优监优酬、优质优价"专项奖金的激励方式,进一步推动优质工程建设。

11.1.3 质量管理程序

(1)原材料管理。

为从源头上控制工程质量,规范原材料的质量管理,项目管理处明确规定所有原材料的采购、运输、储存和使用必须满足国家和交通主管部门制定的相关技术规范、质量标准、安全和环保措施的要求,同时须满足合同和项目管理处的有关管理制度,明确各方在原材料管理方面的职责。

项目管理处:负责对原材料管理进行监督检查,有权对本项目所使用的原材料、半成品随机进行抽样试验。

监理机构:依照监理合同,向每个标段派驻试验检测监理。试验检测监理人员负责与承包人、试验检测中心的协调工作,通知试验检测中心对进场原材料进行必要的取样试验或必要的现场检测,对不合格材料发出监理指令清除出场。

试验检测中心:依照试验检测合同对本项目原材料质量进行监督,对到场材料进行验收,并按规范要求在施工过程中按频率进行抽检。试验检测人严格按照规定的抽检频率进行抽检,决定原材料是否使用,对原材料质量负监理责任。试验检测中心审查所有进场材料、构配件和设备生产厂家提供的质量证明文件及相关资料;督促承包人按规定对进场材料履行自检、报检程序。试验检测中心对材料进场、堆放、自检、监理复检、标记、使用情况进行巡查和登记,建立进场材料动态检查登记表,对各类进场材料的质量数据及时进行汇总、统计,建立质量趋势图,发现质量趋势不稳定时,应及时通知承包人采取相应措施。

施工单位:根据工程承包合同规定对中标标段实施施工,在原材料使用中接受业主、试验检测中心现场验收。凡用于本项目的所有原材料,施工单位都必须严格按本项目技术管理规定、国家有关技术规范以及试验检测人所要求的频率和方法进行检测,按施工监理程序逐级报验,施工单位最终对原材料质量负全部责任。本项目无免检原材料。施工单位应妥善保管材料的出厂合格证、检验报告单、货物签收单等以备检查,并建立完善的材料统计台账。

供应厂商:根据材料采购合同规定供应中标标段材料,并接受监理机构和试验检测中心的管理,提供原材料出厂合格证,保证原材料的质量。

(2)施工质量管理。

分项工程项目质量评比:由项目管理处双优竞赛执行小组会同监理机构、试验检测中心每月组织一次检查、打分,每季度汇总评比一次。分项工程项目的设定以利于质量评比和工程覆盖面广为原则,包括但不限于软基处理、路基填筑、边坡防护、桩基础、桥墩墩柱、桥墩盖梁、预制梁板、现浇箱梁、悬浇梁、支座及梁板安装、桥面铺装、防撞墙、涵洞工程、路面工程、房建工程、绿化工程等。分项工程的设定可根据《公路工程质量检验评定标准 第一册 土建工程》(JTG F80/1—2017)及项目实际情况及时补充和完善。

专项工程质量评比:专项工程重点内容设定,包括但不限于钢筋制作安装质量通病治理、混凝土质量通病治理、工地试验室、交通安全组织等。可根据工程进展的实际情况适当增加评比专项工程。钢筋制作安装质量通病治理、混凝土质量通病治理、工地试验室等专项可根据评分表内容评比;桥梁桩基将在全线桩基完工后,对全线桩基Ⅰ类桩比例进行一次评比排名,选取前两名为优胜者。

标杆工程质量评比:标杆工程主要质量目标,是本项目双标管理的阶段性目标,其他质量指标须满足现行标准、规范以及设计文件、施工合同有关要求;各类表格所列检查项目的单点极限偏差是施工过程中质量控制最低要求,也是相应质量问题处理的主要依据。

(3)质量验收。

为严格做好质量验收工作,项目管理处明确各方主要管理责任,并制定了标准的质量验收程序(图11-4)。其中,计划编制前的准备工作按照项目管理处的管理要求实施,质量检查范围由项目管理处工程技术部人员明确,基础数据主要参照《公路水运工程试验检测管理办法》(交通部令2005年第12号)和《公路工程施工监理规范》(JTG G10—2016)等有关规定;计划编制工作中质量项目划分是指从质量管理视角层次化划分项目,由项目管理处工程技术部完成;质量签证计划针对的是质量检查项的,由施工单位协助项目管理处编制,签证记录由施工单位负责;质量整改中的整改措施由施工单位在项目管理处或监理规定的时间内给出,由监理确定该措施是否合格;质量评定针对的是质量项目划分,在所有的检查项都已检查合格后,由施工单位提出评定申请,最后由监理或项目管理处给出最终评定结果。

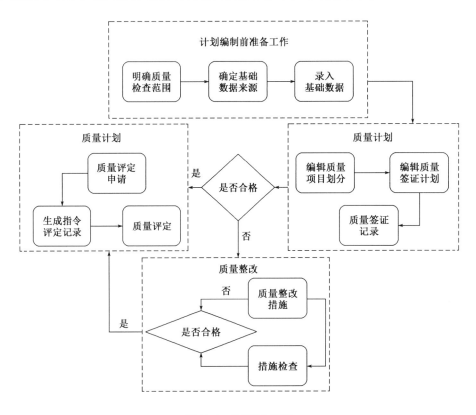

图 11-4 质量验收程序

(4)质量事故的调查与处理。

项目将质量事故分为一般质量事故、严重质量事故及重大质量事故三类(表 11-1)。项目质量事故调查与处理流程如图 11-5 所示。

项目质量事故的分类 表 11-1

分　类	定　义
一般质量事故	直接经济损失在 10000 元(含 10000 元)以上,不满 50000 元的
	影响使用功能或工程结构安全,造成永久性质量缺陷的
严重质量事故	直接经济损失在 50000 元(含 50000 元)以上,不满 100000 元的;严重影响使用功能或工程结构安全,存在重大质量隐患的
	事故性质恶劣或造成 2 人以下重伤的
重大质量事故	超出以上条目所列项目者为重大质量事故

(5)交工及竣工验收程序。

项目除上述质量验收程序外,项目管理处结合行业规范,制定了交工验收及竣工验收工作流程(图 11-6、图 11-7),严格要求施工单位、监理单位遵照执行,做到"有章可循"。

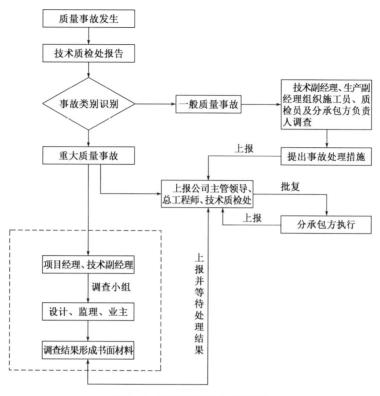

图 11-5 质量事故调查与处理流程

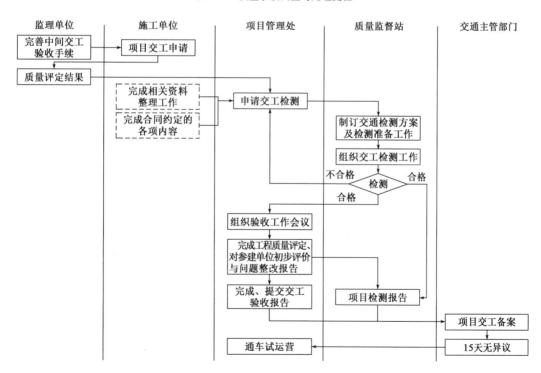

图 11-6 项目交工验收工作流程

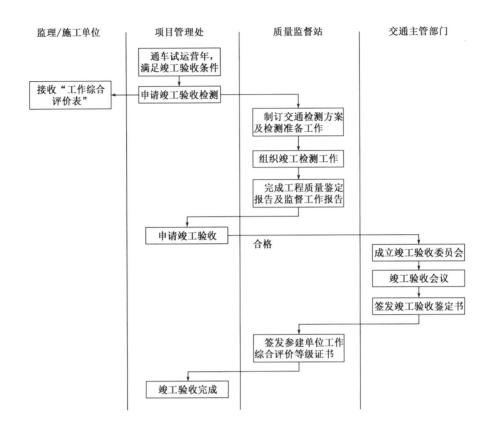

图 11-7 项目竣工验收工作流程

11.2 项目质量管理措施

11.2.1 品质工程与双标管理

以品质工程双标管理作为有效抓手,建立健全质量管理体系和质量责任体系,按优质工程标准把控实体工程质量。以"政府监督、业主管理、社会监理、承包人自检"四级质量保证体系为提升工程质量保驾护航。对影响工程的重点部位和环节严格控制工程质量。

对桥涵工程,做到细活精做,从结构物构造尺寸、结构钢筋制作安装质量、混凝土强度及耐久性入手;钢筋加工采用数字化自动化设备;结构钢筋安装使用胎膜,使用卡槽控制钢筋间距,提高合格率,半成品尺寸及间距误差几乎为零;钢筋焊接使用二氧化碳保护焊,焊缝质量合格率100%。

在混凝土拌和站安装使用数字监控系统,控制拌和系统配料误差;通过使用微信报警等信息手段,及时发现混凝土质量隐患,并及时消除。一系列科学化、智能化管理措施,极大地提高了钢筋混凝土结构(如桥梁下部结构、预制梁、涵洞、挡墙等)的施工质量。

11.2.2 全员质量管理与激励手段

加强质量管理宣传活动,强化全员质量意识,同时采取过程控制、阶段性激励等手段和措施做好工程质量管理。

项目管理处积极开展创建"品质工程"、双标管理、绿色公路建设等宣传工作,向施工单位项目部、监理机构、试验检测中心等主要管理人员宣讲五大发展理念、品质工程的核心要求,阶段性地总结双标管理、品质工程建设、实体工程关键技术指标等方面的工作得失,重点对绿色工程、标杆工程、隐蔽工程施工验收制度、平安工地、三检制、班组考核制等进行多形式、多角度的宣传与培训,使得品质工程理念深入人心;组织开展"技术比武"活动(图11-8),提高施工班组质量责任意识、规则意识和匠心意识。

图11-8 "技术比武"活动

项目管理处以标准化为引领,对实体工程质量实施"事前控制、过程监管、事后验收"的全过程管控。对质量问题做到"有错必纠、有错必改",充分利用"优监优酬、优质优价"专项奖金奖优罚劣、精益求精,开工以来,质量问题的整改闭合率100%。

11.2.3 "首件制"与"标准化"管理

推行"首件制"管理,充分发挥首件工程的引领示范作用;路面落实"零污染"施工,规范试验检测管理,全面落实机械化、标准化管理。

项目自开工以来,先后开展了软基处理、路基填筑、涵洞、桥梁桩基、系梁、立柱、盖梁、预制梁等首件验收,对施工过程中的各个细节进行严格管理,并形成首件总结,指导后续施工。首件制的开展,使结构外观和实体质量均得到较好控制,各项关键评价指标,如钢筋保护层、钢筋间距等合格率平均在93%以上,混凝土强度合格率100%;路基填土压实度合格率100%、层厚合格率90%以上,不合格段落返工处理。在水泥搅拌桩"首件制"施工(图11-9)中发现原设计工艺水平达不到质量要求,经过工艺优化(由两搅一喷变为四搅三喷)后,质量明显提升,合格率达到100%,完全满足质量要求。通过首件验收总结,可以提炼优化、细化施工工艺和操作细节等关键内容,为后续施工提供有效借鉴,达到以点带面的效果。

图 11-9 水泥搅拌桩"首件制"施工

项目全线采用"滑模路缘石基础+路缘石"方案,在底基层完成后即进行滑模缘石基础施工,与常规预制块路缘石相比较,具有无须预制场、减少交叉施工、杜绝路面污染、加强封层黏结效果、外观美观、减少上基层暴露时间并缩短上基层与沥青面层间的施工间隔等多项优势。项目推广并落实全线滑模路缘石施工方案,响应绿色公路理念,提升路面施工形象,提高路面"零污染"施工水平。

为进一步规范试验检测管理,做好顶层设计,使材料管理有章可循、有据可依。充分发挥监理机构和试验检测中心分开设置模式的优越性,清晰界定监理机构、试验检测中心的工作界面及各自的工作职责,有效避免多头管理效率低、效果差的管理模式。

11.2.4 数字化、信息化的监测手段

采用数字化、信息化的手段,建立实时监控实验室,对施工作业管理、材料拌和管理等质量管理的核心部位进行监测,有效提升质量管理信息化水平。充分运用手机微信、互联网+等高科技信息平台强化项目现场质量管理。

在施工作业管理方面,建立质量管理的关键部位、薄弱环节台账,质量管理逐项跟进。如对软基处理、涵台背回填、新旧路基结合面、新旧涵结合部位回填、新旧桥台尾开挖支护、土工格栅铺设、边坡防护等进行重点监管,并在重点部位安装视频监控系统和数字采集系统,及时准确发现路面施工问题,出现问题及时预警。为解决沥青路面的压实作业难题,施工现场建立"人、机、场景"之间的无障碍连接,运用沥青路面智能压实监控系统(集现代传感器、三星精确定位、物联网、移动通信等技术于一身,实现了路面压实作业工序的严格把关、压实过程智能控制、压实数据信息化应用三大功能),实现对沥青路面压实作业的全过程、全面监控及过程指导,提高了本项目沥青路面质量验收合格率,减少因质量问题返工造成的经济损失。

在材料拌和管理方面,对全线4个标段工地试验室各功能室、拌和站操控室及称量系统、试验检测中心作业室等实时监控和采集相关数据,随时反馈现场混凝土拌和站配料误差情况、试验操作人员工作情况及试件试验结果等。据不完全统计,拌和站称量系统配料误差超限报警38批次,其中水泥用量超标9批次、外加剂超标26批次、其他混合料配料误差超标3批次,对个别标段配料偏差突出问题(如外加剂超标)进行了停工整改,对设备运行工况和称量系统进行了标定和校核,完全"足不出户"也可以做到对拌和站、试验室的有效监管。

11.3 项目工艺创新及施工亮点

11.3.1 工艺创新亮点

(1)采用科学技术手段,处理旧路病害问题,重复利用硬路肩。

佛开高速公路旧路行车道路面反射裂缝及病害较为严重,项目管理处结合科学的检测技术方法(图11-10),通过全面的雷达扫描等检测手段及邀请专家现场调查研究,深入分析路面病害的成因机理,采取高分子注浆、增设抗裂贴等技术手段对旧路病害进行全面、彻底处理。通过对既有线硬路肩病害处治及改造、挖方段土质较差段落进行换填、路面结构层加强等技术措施(图11-11、图11-12),确保了路基交工验收进度和路面结构层施工质量。

项目同时对佛开高速公路旧路硬路肩开展专题研究,结合现场检测数据及理论分析开展论证工作,取消对佛开高速公路既有硬路肩的开挖。同时采用高分子注浆新技术,保留佛开高速公路旧路的硬路肩,注浆补强后重复利用,不仅达到了绿色、环保的目标,同时工程造价节省了约2279.91万元。

图11-10 三维探地雷达(3D-GPR)路面完整性检测

图11-11 预制整体板钢筋

图 11-12 新旧路面搭接处钻孔注浆

(2)采用创新检测技术,严控原材料质量,保证雨季路基按期交工验收。

项目创新原材料检测技术,严格控制原材料的进场,并指定专人负责工地试验室的管理,进一步规范化管理项目工地的材料试验室。同时项目创新了材料的检测方法,提出并应用了"海砂快速检验方法",通过颜色观察法、pH 试纸检验法、酒精燃烧焰色法等检测方法,简单快捷、高效准确地严控材料质量。

针对雨季交工验收路基的极端不利天气条件,项目科学提出并应用了在路床顶面利用"水稳料补强"的技术方案,采取技术措施保工期、保质量。项目在雨季路基交工验收中路床技术补强处理 7 次,处理里程达 9.2km,以技术力量推动项目进度,为项目共和以北的提前通车提供了技术与质量保证。

11.3.2 绿色施工亮点

(1)沿线边坡及时防护绿化,提升整体景观效果。

项目在施工过程中结合"绿色工程",引入"城市园林"理念,严格执行"开挖一级,防护一级",对项目公路沿线进行边坡防护绿化。在坡面防护绿化施工完成后,在坡面点种花草、小灌木等,与周边地形、植物相互配套,整体提升了高速公路两侧景观绿化效果(图 11-13)。

图 11-13 景观绿化效果

(2)路堑边坡坡口线弧化处理,创新项目设计理念。

路堑山体的开挖容易形成道路两侧沟堑和边坡。传统的设计理念仅注意边坡的防护支挡,满足单一的稳定性要求,并未考虑坡体的整体景观以及与周围山体的自然融合。本项目注重在满足山体稳定的前提下,突破传统的项目设计理念,同时引入环保、美学和人文理念,对边坡坡口线进行弧化处理,并对弧化带进行点缀,种花美化,使得边坡与山体自然融合,体现了与自然和谐共生之美(图11-14、图11-15)。

图11-14　边坡格梁防护施工

图11-15　边坡绿化

(3)新泽西护栏永临结合,重复利用,节约资源。

项目在施工过程中开创了改扩建项目先河,将旧路原有的新泽西护栏重复利用,永临结合,节约资源。在施工前期,佛开高速公路旧路两侧加宽施工期间,首先利用预制混凝土新泽西护栏作为旧路两侧临时刚性隔离设施,保证行车安全。在施工后期,将前期旧路隔离的混凝土新泽西护栏直接用作佛开高速公路旧路中分带改造时永久新泽西护栏。项目将新泽西护栏永临结合(图11-16),对旧物进行重复利用,最大限度节约了资源,同时体现了绿色化施工的理念,降低了项目成本。

图11-16　新泽西护栏永临结合

(4)路面落实"零污染"施工,提升路面施工形象。

为响应"绿色公路"建设理念,全面提升路面施工形象,提高路面"零污染"施工水平,项目推广并落实了全线滑模路缘石施工方案。本项目全线采用"滑模路缘石基础+路缘石"方案,在底基层完成后即进行滑模缘石基础施工,与常规预制块路缘石相比较,具有无须预制场、减少交叉施工、杜绝路面污染、加强封层黏结效果、外观美观、减少上基层暴露时间并缩短上基层与沥青面层间的施工间隔等多项优势(图11-17)。

沥青路面罩面施工、路面基层施工分别见图11-18、图11-19。

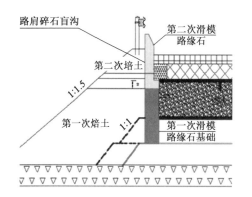

图11-17 路缘石滑模施工效果

图11-18 沥青路面罩面施工

图11-19 路面基层施工

11.4 项目质量验收结果及管理经验总结

11.4.1 项目质量验收结果

项目桥梁桩基合格率100%，优良率90.1%；桥涵主体结构钢筋保护层合格率≥90%；预制梁钢筋间距合格率在95%以上；桥涵构造物钢筋骨架间距合格率≥85%；混凝土强度合格率100%；钢筋接头二次验收合格率100%；路基宽度、分层压实层厚、压实度合格率100%。最终，项目竣工验收一次性通过，工程质量评分为95.1，圆满实现了质量目标。

11.4.2 项目质量管理经验总结

(1)建立健全质量管理制度，严格遵守质量管理程序。

严格的规章制度、明确的管理目标、标准化的工作流程作为精细化施工的抓手，可以较大幅度提升工程质量管理水平，是实现品质工程、双标管理目标的有力保障。借助与第三方专业力量实现他管他控，并赋予权利，可有效控制工程质量。本项目在赋予监理机构"工程监督权、工序批准权、计量签认权"的同时，实行业主代表常驻工地一线，全面深入监管；实行工程质量定期和不定期检查制度，建立各分项工程开工前技术培训交底制度，实行分项工程进行试验性施工及总结制度等。制度不流于形式，在项目管理中得到了不折不扣的落实。

(2)加强各施工单位间的沟通，及时学习并推广先进经验。

质量不是检查出来的，质量最终是干出来的。为此，项目管理处积极组织多次技术培训、技术交底、技术指导交流会等，开展品质工程、绿色公路宣贯、质量月活动、技术比武大赛等，尽最大努力帮助施工单位改进施工工艺，提高工程质量水平。对每个重要、关键的分部分项工程组织召开施工总结会，并组织各标段之间互相学习，互相帮助，共同提高工程实体质量。

(3)注重绿色环保，实行文明施工管理。

督促施工单位文明施工是佛开高速公路南段改扩建项目管理处应尽的义务。工程项目开工前，需要根据总体施工进度和施工方案，确定环保方案，尽量从源头上遏制施工污水、废弃物、噪声等对周边环境的影响，避免出现阻工。若因文明施工和环保问题导致村民受损，则依照民事赔偿法律规定或合同规定做出合理赔偿，确保施工顺利进行。

第 12 章 项目安全管理

12.1 安全管理目标及风险预控分析

佛开高速公路南段改扩建项目由于需要在维持双向四车道通车的前提下实施改扩建施工,项目不仅施工点多、面广、线长,而且地下管网复杂、交通流量大,使得项目面临施工安全、交通安全和交叉安全等诸多问题。如何做好项目的安全管理、切实控制好项目安全生产风险点也成为项目的重点问题。

12.1.1 项目安全管理目标

为做好项目的安全生产管理、有效控制项目的安全风险点,本项目首先明确了项目安全管理目标(图 12-1),以目标为导向,全力做好项目的安全管理工作。项目以"零伤亡生产安全责任事故、全力杜绝重大生产安全事故、有效防范较大以上事故、有效控制一般事故"作为项目安全管理目标,并有效控制项目安全事故的各项数字,如"建设工程亿元投资事故率小于0.02起、亿元投资死亡率小于 0.02 人;从业人员培训教育覆盖率 100%、事故隐患整改率 100%、特种作业人员持证上岗率 100%、特种设备检验检测率 100%"。努力创建省级"平安工地"示范项目,并力争获得交通运输部"平安工程"冠名。

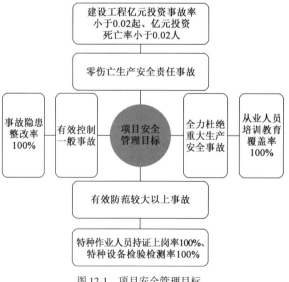

图 12-1 项目安全管理目标

12.1.2 项目安全风险预控

项目对于风险的安全预控主要分为施工安全、交通安全、交叉安全三种类型的风险控制手段。项目为更好地落实"保安全、保畅通"的安全生产主线,全线贯彻"全员、全过程、全覆盖、全天候"安全生产理念,明确各类型安全生产的主要控制点及风险源,并切实做好风险控制措施,加强项目的安全管理工作。

(1)施工安全主要控制点。

项目管理处技术人员结合以往工作经验,首先确定本项目施工安全控制点主要为桥梁工程施工安全。桥梁工程施工包括拆除大桥295m/1座、改扩建成大桥302.4m/1座,拆除小桥23.5m/1座、改扩建成中桥41m/1座,拼接加宽中、小桥851.3m/35座。桥梁工程施工主要风险源见表12-1。

桥梁工程施工主要风险源 表12-1

序 号	桥梁名称及施工内容	主要风险源
1	通道桥,拆除重建	深坑施工
2	A匝道桥,拆除重建	桥梁拆除施工
3	中桥,0号台拆除,小桩号侧增加一孔	桥台拆除、深坑施工
4	石步河大桥,拆除重建	桥梁拆除施工,上跨Ⅶ级航道
5	石拱涵,拆除重建	深坑施工
6	中桥,改扩建	上跨省道S270
7	车行天桥,扩建	上跨佛开高速

(2)交通安全主要控制点。

交通安全管理是本项目安全管理工作的难点和重点。项目在施工过程中面临较多的交通组织安全问题,如在桥梁拼接施工过程可能对既有结构物产生扰动,影响稳定性;路堑边坡开挖、桥梁下构施工、梁板吊装、旧桥拆除等工序施工可能对高速公路现有交通安全产生不利影响;跨省道S270施工对省道上车辆通行以及行人通行的影响等。交通安全主要风险源见表12-2。

交通安全主要风险源 表12-2

序 号	施工阶段	主要风险源
1	路基拼接	标识不清、边坡或锥坡坍塌、行人进入高速公路
2	路面拼接	车辆冲入作业区、人员进入行车道
3	交通转至左幅	施工人员横穿车道、人员进入车道、车辆冲入对面车道
4	交通转至右幅	施工人员横穿车道、人员进入车道、车辆冲入对面车道
5	完善交安	施工人员横穿车道、人员进入车道、车辆冲入作业区

(3)交叉安全主要控制点。

项目的交叉安全主要是由于旧结构物等产生的交叉安全问题。经过物探统计分析后发现,项目交叉安全风险源为现有地面高压线和地下高危管线,其中地下高危管线主要有电力、通信、供水、供油、燃气及军用光纤等管线。经初步统计有10000V以上高压线塔2座、通信塔4座、中石化石油管道1根(5.5km)、国防光缆18km等,这些危险源需要及时迁改。

12.2 安全管理实施效果及经验总结

12.2.1 安全管理工作特色及亮点

本项目积极推进施工安全标准化,施工行为规范化,强化安全生产管理,落实各参建方安全责任。通过制定"平安工地"考核评价实施细则,认真落实施工单位月度、监理单位季度、建设单位年度的"平安工地"考核工作,创建项目"平安工地"示范项目(图12-2)。

图12-2 广东省2017年度"平安工地"示范项目授牌仪式

(1)精益求精,全力推进安全标准化建设,为"平安工地"建设奠定坚实基础。

设置独立安全生产管理制度,配备专(兼)职安全管理人员,建立健全安全管理体系,制定相关安全管理制度,各层级签订安全生产责任书,落实安全生产管理工作目标,强化安全生产意识,做到目标明晰,责任明确;制定安全生产专项费用管理制度及计量支付办法,编写安全生产费用清单,纳入施工单位合同,做到专款专用。

加强安全教育培训,提高全员安全意识。一是先后组织各参建单位开展安全管理标准化指南培训,以及安全管理制度、交通组织管理制度、上级重要文件贯彻等;二是督促、指导监理机构、施工单位开展安全教育和安全技术交底,并注重开展日常、月度、季度等安全检查,消除安全生产隐患。

制定"平安工地"考核评价制度及奖励方案,每年开展两次平安工地考核评价。建设"零事故"班组,调动施工班组积极性,争创临时用电、临边防护、高空作业、高边坡开挖、交通管制等安全管理标杆。

(2)精心组织,加强安全风险防控管理,以技术力量巩固"平安工地"建设。

在项目施工图设计中,对于既有桥涵拼接、路改桥,采用钢板桩防护;对于高边坡开挖,采用彩钢板、防护墙、钢管排架等防护措施。尽量减少施工对车辆通行的影响,从设计上降低安全事故的发生。同时将总体交通组织设计作为设计内容纳入施工图设计,对"边通车边施工"

的交通组织方案、应急管理措施及关键工序进行技术化、专业化和程序化管理。

委托专业单位对全线地下管线进行摸查、探测,用以协助指导设计、施工,有效防止施工挖断地下管线事件的发生。委托第三方进行软基、高边坡、既有结构等监测。施工扰动或影响相邻结构物时,及时反馈重要信息,及早做好相应防护措施。拆台、涵侧基础接长扰动路基时,对钢板桩变形进行监测,防止桥台、涵侧路基塌方或滑坡,危及行车安全。

针对施工、交通及交叉安全风险控制点,项目管理处组织技术力量编制项目安全管理规划方案,开展安全风险辨识及安全隐患排查与治理工作,加强危险性较大分部分项工程管控。

①高边坡开挖:要求施工单位制定专项施工及安全防护方案,并组织专家进行论证、评审,坚持"开挖一级、防护一级"的原则,同时建立边坡位移监测系统配合每日人工巡查,发现异常立即处理。

②旧桥拆除,含石步河大桥、两座主线桥桥跨改造、共和互通匝道桥拆除重建等,要求施工单位制定桥梁拆除专项施工、交通组织及安全防护方案,充分利用在左半幅或右半幅交通转换的有利时机,必要时进行临时全封闭作业,并组织相关部门和专家进行论证、评审,建立日常巡查与沟通机制,确保安全、畅通。

③中分带改造、旧路维修及沥青路面罩面施工。采用水泥混凝土预制防撞墩隔离施工与通车区域,隔离墩之间采用槽钢连接,并粘贴反光膜,安装轮廓标,增设太阳能爆闪灯等安全警示标志,安排交通疏导员每天巡查,及时补充或修复安全设施,并按程序报相关部门审批。

④中小桥换板与预制梁安装。利用在左半幅或右半幅交通转换的有利时机,根据设计单位旧桥受力验算结果确定的空心板更换顺序,实施中小桥空心板梁更换工作。要求施工单位提前编制专项施工、桥下交通组织及安全防护方案,并组织相关部门和专家进行论证、评审。

⑤4座上跨天桥架设。利用在左半幅或右半幅交通转换的有利时机,分桥梁分跨实施预制梁架设工作。要求施工单位提前编制专项施工及安全防护方案,并组织相关部门和专家进行论证、评审。

(3)科技创新,推进安全生产信息化建设,以创新手段强化"平安工地"建设。

建立"互联网+"应急监控指挥平台,对高速公路现有的业务数据进行整合,逐步建立更加完善的"大监控"工作体系,对施工现场实现实时监控。

建立业主、项目管理处、监理单位、施工单位安全管理人员手机微信平台,将现场安全管理及安全管理人员检查情况拍照上传至微信平台,通过点赞安全行为、曝光违章行为、发出安全指令等,大大加强人员之间的沟通与协调能力,同时有利于安全问题的及时解决。

建立VR安全智能体验馆,引入多媒体培训工具箱,分专业、工种对生产一线工人进行专业化技术培训及安全教育培训。

12.2.2 公路改扩建项目安全管理经验总结

做好安全管理生产工作不仅能够提升施工的顺畅性,而且能够提升企业的经济效益,是一个项目不可或缺的关键部分。佛开高速公路南段改扩建项目在保持既有线通车的前提下进行施工,具有施工作业面狭窄、毗邻行车道、需要3次较大整体交通转换等特点,对该项目的安全生产管理工作加以总结,得到如下经验启示:

(1)依法科学解决安全难题,重点控制安全管理。采用先进的救援装备和技术,充分发挥专家作用,增强应急救援能力,同时充分利用电视台、报纸、广播、微信、手机应用程序(App)等媒体平台进行安全宣传,将施工对人员的影响程度降到最低,同时取得社会的最大支持与理解。对生产中人的不安全行为以及物的不安全状态的控制,必须看作安全管理的重点,事故的发生往往是二者运动轨迹的交叉。由于佛开高速公路南段改扩建项目是边施工边通车,因此不仅要在技术方面采取预制防撞墩、设置标志牌、钢板桩防护等措施,还要在组织方面成立各个安全管理小组,抓好每个生产环节的安全工作,定期进行安全检查。

(2)做好员工安全教育培训,明确员工岗位安全职责。安全生产培训应纳入本单位教育培训计划,对所有员工进行安全生产继续教育,使员工具备必要的安全生产知识,熟悉有关的安全生产制度、安全操作规程,使员工将安全意识时刻放在第一位,引导员工从"要我安全"向"我要安全"转变。各个单位是安全生产的责任主体,必须贯彻落实国家安全生产方针政策及有关法律法规,按照"统一领导、落实责任、分级管理、分类指导、全员参与"的原则,逐级建立安全生产责任制,强化各项工作的责任落实,形成"安全事事有标准、处处有人抓"的安全管理长效机制。

第 13 章 项目造价管理

13.1 造价管控的目标及原则

13.1.1 造价管控的目标及分解

(1)初始总体目标。

全面控制造价是项目的重要目标之一,也是管理的核心和重点。本项目在工程可行性研究阶段,初次申报投资估算为 29.411 亿元,平均每公里造价为 0.881 亿元,考虑项目的复杂性及特殊性,提出修正投资估算为 35.13 亿元的申请。项目估算投资审批进程见图 13-1:2016 年 8 月 30 日,国家发展和改革委员会核准并批复了该项目修正投资估算申请报告(发改基础〔2016〕1874 号),批复修正投资估算为 35.13 亿元(含建设期贷款利息)(平均每公里造价为 1.0645 亿元)。2017 年 1 月 22 日获《交通运输部关于广东省三堡至水口公路改扩建工程初步设计的批复》(交公路函〔2017〕73 号),初步设计总概算核定为 34.262 亿元(含建设期贷款利息)(平均每公里造价 1.0257 亿元/km)。批复的初步设计总概算即为项目造价控制的最初总体目标。

图 13-1 项目估算投资审批进程

(2)年度投资计划分解。

按总体造价控制目标要求,项目管理处结合工期目标和施工组织的安排,将 2016—2019 年每年项目投资计划分解,见表 13-1。

项目投资计划(单位:万元) 表13-1

费用项目名称	2016年计划	2017年计划	2018年计划	2019年计划
建筑安装工程投资	16196.50	20000.00	70000.00	67000.00
征地拆迁及土地青苗补偿费	17820.00	25826.00	3000.00	4500.00
其他	3942.95	4980.27	7007.49	18500.00
合计	37959.45	50806.27	80007.49	90000.00

13.1.2 造价管控的基本原则

(1)全过程控制原则。

工程造价管理是一个长期复杂的过程,要做到全面控制工程造价,必须从项目策划决策到建设实施的各个阶段进行全过程控制。为此立项决策后,项目管理处把造价的控制重点放在设计阶段,通过严格审核设计图纸、全面优化技术方案,从源头上控制造价。同时通过优选施工单位,有效利用合同手段控制施工阶段的造价,确保造价管理目标的实现。

(2)主动和被动相结合原则。

为保证造价管理目标的实现,还需要通过事先的精准预测、事中的严格检查和事后及时纠偏,采取主动与被动相结合的原则,全面控制造价,使造价实际值始终保持在目标值控制范围内。

(3)技术与经济相结合原则。

为有效控制工程造价,项目管理处从组织、技术、经济等多方面采取综合措施,全面控制造价。组织上,明确项目造价相关管理机构的任务分工及管理职责;技术上,重视设计方案优化,严格审查与造价相关的变更内容,并利用项目总工程师及技术人员的经验,从技术上深入挖掘节约投资的可能性;经济上,动态地比较造价的计划值和实际值,及时监控,严格审核各项费用支出,对节约投资的举措采取有力的奖励等。

13.2 全过程造价管控的措施和亮点

13.2.1 工可阶段的造价管理

工可阶段,该项目初次投资估算总金额为29.411亿元,平均每公里造价为0.881亿元。项目管理处组织前期专业技术人员进行了广泛和深入的项目调研。摸清了项目具有征地拆迁难度大、施工安全隐患多、工期和质量要求高等特点。为了使项目造价更趋于合理,项目管理处领导将前期专业技术人员对现场情况进行全面调查时掌握的大量资料和信息,及时与设计单位、设计咨询单位及各方专家进行细致、深入地探讨,最终本项目重新批复投资估算35.13亿元,依然没有超出常规项目的造价标准。这为后期项目合理控制造价奠定了基础。

13.2.2 设计阶段的造价管理

在设计阶段,以可行性研究报告中被批准的投资估算为造价控制目标,修改设计阶段的不足。深入现场进行勘察设计工作,以及时确认技术方案和施工方案的可行性、主材数量准确性、结构物尺寸与现场吻合性、会议纪要及评审意见的落实程度等为基本原则开展设计审查工作,以项目管理处技术人员核查、省内相关专家非正式会审、设计咨询单位审查三重把关为保障,尽可能减少设计遗漏,完善设计内容,避免设计错误,尽可能减少后期施工的变更风险,以达到控制造价的目的。如:项目管理处高度重视交安机电清单预算控制价的编制,积极介入到编制过程中,将勘察资料及项目细化要求充分表达出来,组织设计单位、咨询单位共同完成图纸、预算的审核,同时加强内部审查,对其中设计方案的适用性、主材数量的准确性、结构物尺寸等信息反复复核,确保在控制价的编制过程中尽量准确,减少对造价影响较大的因素。在造价事务中心审查过程中指派专人积极配合,负责及时解答造价事务中心提出的疑问,及时补充欠缺的资料。最终交安工程和机电工程的招标清单预算核备工作分别获得造价事务中心"较好"和"好"殊荣,其中机电工程成为建设公司系统内第一个获得评价为"好"的项目。

13.2.3 施工阶段的造价管理

1)资金使用风险的预控

项目资金管理主要是指根据项目产值计划及产值完成情况,合理进行资金的收支预测、编制资金使用计划、筹集资金、资金支付、核算与分析等一系列资金管理工作。合理、高效的资金管理可以降低风险发生的概率,从而达到防范风险、提高经济效益的目的,项目管理处在资金风险管理上采取以下措施:

(1)事前计划。项目管理处每月都要根据产值月度计划、施工图预算以及其他与资金使用相关的信息资料,制订出相应的资金使用计划;根据所需资金数量,提前筹集资金,以确保项目资金充裕,防患于未然。

(2)事中控制。施工过程中,根据现场完备的信息资料和准确的统计资料,对比资金使用计划中的金额与实际发生的金额,总结是否相符,若不符,找出差距,并分析产生差距的原因,力保及时控制潜在的资金风险。

(3)事后分析。资金计划的编制在此阶段已经随着工程项目的结束而告一段落。从造价控制的角度出发,要根据相应的指标与标准来评价项目资金管理的完成情况,并加以分析总结。

项目管理处为了防范施工过程中的支付风险,积极建立资金风险台账管理制度,如:

(1)合同台账:查看合同签订单位在合同履约过程中的执行情况、往来信息记录等,其详细记录了与该项目签订合同的所有单位的相关信息,内容包括合同编号、合同名称、单位名称、合同确定方式、参与谈判人、签订时间、生效及结束时间、合同状态、履约情况等。有了合同台账信息的辅助,可以全程、实时、动态地掌握合同签订单位在合同履约过程中的信息,加深对合作伙伴的信用状况的了解,对资金安全可以起到一定的借鉴作用。

(2)合同支付汇总明细台账:登记与签订单位之间的涉及变更类型项目的支付明细与汇

总金额,如支付时间、支付金额、支付汇总等信息;同时该台账还可以按类别查看每类合同的支付明细。根据合同的类别,共划分为建安、征地拆迁、前期、试验、管理、购置、其他七大类。项目管理处对不涉及变更部分的项目资金支付明细进行整理、归类、汇总,构成了台账支付信息的全面性和完整性,可以全程、实时、动态地掌握合同付款情况,保障各项支付款项的正确性和资金的安全性。

(3)变更暂定计量台账:为"暂定计量"和"一次计量,两次支付"条款而设置,分标段详细记录了变更时间、变更名称、变更暂定计量的金额、暂定支付时间、扣回时间以及变更是否成立等。为缓解施工单位资金压力,承包人向监理人申报月计量报表,同时也将月计量报表报送发包人,发包人根据当期计量总额不超70%进行第一次暂定支付,待月计量报表审核流程结束后,发包人进行第二次全额支付,并扣回第一次暂定支付金额。项目管理处对于暂定计量,提前支付部分资金,虽然在很大程度上缓解了施工单位的资金压力,但也对项目管理处的资金安全管理提出了挑战。因为该部分增加了第二次支付需扣回部分的工作任务,项目处必须随时关注变更审核流程,防止款项忘记扣回而多付的风险。项目管理处秉承高度认真负责的态度,详细记录每个标段、每条变更需要扣回的金额及时间节点,全程、实时、动态掌握着变更部分款项支付的动态。

2)计量与计价的严格审核

(1)工程量的审核。工程量是编制工程量清单、确定分部分项工程费、编制施工组织设计、编制材料供应计划、实现工程造价核算的重要依据。工程量计量准确是否,直接影响工程造价的准确性。工程量是按照双方事先约定的工程量计算规则计算所得、以对应的计量单位表示的数量。项目管理处制定了工程计量流程(图13-2),严格按流程工作。在审核工程量方面,为确保工程量准确无误,要求施工单位申报月度计划的同时,除了双方事先约定的"计量规则"外,必须将所需依据申报齐全,如施工设计图纸及设计说明,审定的施工组织设计或施工方案,其他有关的资料。

(2)单价的审核。综合单价是完成一个规定清单项目所需的人工费、材料和工程设备费、施工机具使用费和企业管理费、利润及一定范围内的风险的费用。项目管理处对于单价的审核,分两种情况,即合同单价、新增单价。合同单价遵照合同内价格执行。新增单价需要确定:合同中已有适用的综合单价,按合同中已有的综合单价;合同中有类似的综合单价,参照类似的综合单价;合同中没有适用或类似的综合单价,由承包人提出新的综合单价,经发包人确认后执行。

当承包人提出新的综合单价,造价管理人员重点审核以下几方面内容:一是人工费,主要审核工资标准部分,是否符合广东省交通运输厅关于日工资单价的标准。二是材料费,如果不涉及新工艺、新材料等的材料价格,需要参照广东省或各地方定期发布的造价信息;如果有新工艺、新材料的材料价格,造价信息无法提供参考依据,需要项目管理处考察、调查,最终评估并确定。三是设备费、机械费,此部分价格需参照交通运输部发布的机械台班费用定额执行。四是企业管理费、利润、风险等费用,企业管理费和利润的取费标准依据概预算编制办法及广东省交通运输厅发布的相关补充规定执行,风险费用根据实际情况选择是否计取等。

项目在实施过程中,涉及个别新工艺、新材料的使用,如高分子注浆,原合同内既没此项综合单价,又没有类似的综合单价可以参考。为此,项目管理处多次到施工现场测定该项施工工艺,并在申报该项新增综合单价之前与上级变更审核部门现场调研,反复沟通,最终确定综合单价。

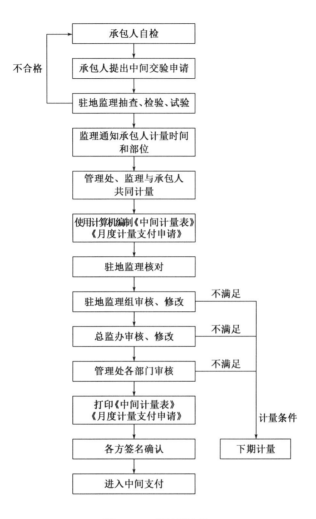

图 13-2 工程计量流程

3)技术变更的有效控制

技术变更是指工程项目自初步设计(或一阶段施工图设计)批准之日起至竣工验收正式交付使用之日止,对已批准的初步设计文件、技术设计文件或施工图设计文件所进行的修改、补充和完善等活动。早期设计时,因地质、水文调查不详细,或设计人员考虑不周、地方规划调整、提前通车、规范技术指标更改等原因,项目或多或少均不可避免地会发生工程设计变更。

由于该改扩建项目工期紧、任务重、工效低、资金紧张等,影响造价因素较多。对设计变更的有效控制,是工程造价控制中非常重要的组成部分。现场发生设计变更、有索赔事件发生时,项目管理积极采取以下措施加以应对:

(1)确定设计变更的类别。

根据设计变更最终对造价造成的偏差,将设计变更分为重大设计变更、较大设计变更、一般设计变更三类(表13-2)。根据设计变更的等级,采取不同的措施手段。对于重大、较大设计变更,由广东省交通运输厅主持或授权广东省交通集团有限公司主持审查,广东省交通运输厅、其他政府职能部门、广东省交通集团有限公司、建设公司、项目管理处、设计单位、监理单位、承包人及有关专家参加,现场论证优化方案,最终进行决策。

设计变更分类表　　　　　　表13-2

变更类别	变更内容及要求
重大设计变更	1. 连续长度10km以上的路线方案调整的; 2. 特大桥的数量或特殊结构形式发生变化的; 3. 特长隧道的数量或通风方案发生变化的; 4. 互通式立交的数量发生变化的; 5. 收费方式及站点位置、规模发生变化的; 6. 超过初步设计批准概算的
较大设计变更	1. 连续长度2km以上的路线方案调整的; 2. 连接线的标准和规模发生变化的; 3. 特殊不良地质路段处治方案发生变化的; 4. 路面结构类型、宽度和厚度发生变化的; 5. 大中桥的数量或结构形式发生变化的; 6. 隧道的数量或方案发生变化的; 7. 互通式立交的位置或方案发生变化的; 8. 分离式立交的数量发生变化的; 9. 监控、通信系统总体方案发生变化的; 10. 管理、养护和服务设施的数量和规模发生变化的; 11. 其他单项工程费用变化超过500万元(包括500万元)的; 12. 超过施工图设计批准预算的
一般设计变更	1. A类:单位工程变更费用变化金额200万~500万元(包括200万元)或同一项目中同类型多个单项工程费用累计200万~500万元(包括200万元)的,或处理地质灾害费用在200万~500万元(包括200万元)的; 2. B类:单位工程变更费用变化金额100万~200万元(包括100万元)或同一项目中同类型多个单项工程费用累计100万~200万元(包括100万元)的,或处理地质灾害费用在100万~200万元(包括100万元)的; 3. C类:单位工程变更费用变化金额低于100万元或同一项目中同类型多个单项工程费用累计低于100万元的,或处理地质灾害费用低于100万元的

(2)审核设计变更合理性、真实性、必要性。

依据国家相关法规、政策、招标文件、施工合同、补充协议等文件,严格对设计变更的范围、变更理由以及变更必要性的资料进行严格审核,审核其合理性、真实性、必要性。在工程实施阶段,工程设计变更是对项目建设工程造价影响较大的因素,特别是针对方案变更,如桥改路、桥改涵或涵改桥、增加桥涵、通道等变更设计,必须要组织相关专家技术人员到现场进行详细踏勘,设计单位至少提供两个以上对比方案供业主选择,实事求是,尽最大努力优化设计方案,同时合理减少不必要的变更。减少索赔也是控制工程造价的重要手段。

(3)制定科学、合理、严谨的流程处理机制。

高效的流程处理机制是工作得以顺利进行的保障,可以将各部门的工作有序、高效地进行融合。设计变更发生时,完善设计变更审批程序,通过及时对资料进行收集、整理,必要时进行反索赔。各部门各司其职,层层把好审核及公示关,厘清事件发生缘由,落实设计变更的责任,严格执行合同条款对新增单价的审核,从而达到有效控制设计变更,严格控制工程造价目的。

项目管理处始终以质量为核心,以品质工程、绿色工程为理念,真抓实干,在不影响工程质量的前提下,通过对项目设计进行优化,取消或更改部分不必要工程,以及因设计错误或变更带来的费用调整,经正负变更总计节余1亿多元。项目管理处对于总变更金额不超施工合同额的5%为设计变更造价控制目标,按目前统计数据预测,变更节约了施工合同总金额的2.9%。由此可见,项目管理处对设计变更的造价控制合理、高效,很好地控制了工程造价。已经完工通车的北段数据,设计变更的造价控制效果见图13-3。

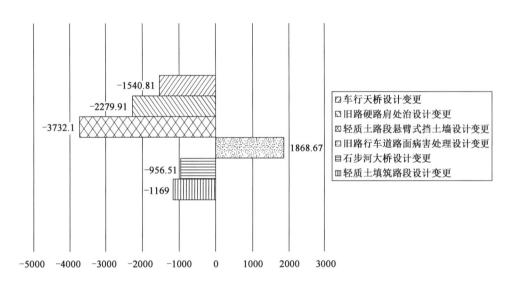

图13-3 设计变更的造价控制效果(单位:万元)

4)基于高速公路建设管理系统(HCS)的支付管理

高速公路改扩建项目建设的造价管理工作是一项全过程、全方位的多次性、多阶段造价管理工作,需要从投资估算开始,一直到将概算、预算、招标控制价、合同价、结算价等与分项工程进行对应、分析,从而将项目造价控制在既定目标范围内。但由于以上各阶段的对应数据量非常庞大,如果采用以往纯人工录入或者编制,要做到各项数据一一对应起来,将会耗费大量的人力与物力,而且还会不可避免地出现差、错、漏。

因此,广东省公路建设有限公司在"大数据+互联网"的新时代,勇于创新,利用高速公路建设管理系统(HCS)对公司所属工程项目进行全面管理。该管理系统涵盖了概算、清单、资金、投资、计划、合同、计量、变更、材料供应、地材调差、征地拆迁及造价台账等十几个模块。从应用高速公路建设管理系统进行项目造价管理以来,数据提取更加快捷、准确,工程造价管理工作基本上已经从被动、消极地反映到设计和施工上,过渡到积极主动地应用到设计和施工的造价管理上,并已经初步与工程实际进度结合起来。建立一个科学、系统的高速公路工程造价管理体系,对高速公路工程造价实现全过程、全方位的动态有效控制起到很大的推动作用。

13.3 造价管控的成效及经验总结

13.3.1 项目造价管控的效果

本项目决算总金额为 326459.91 万元，对比批复概算节约 16160.76 万元，决算平均每公里造价为 9814.21 万元。具体费用对比情况见附表 1。

13.3.2 项目造价管控经验总结

（1）有序组织招标工作。

初步设计和施工图设计报批期间，由于缺少由江罗高速公路代建的共线段设计文件，一度对设计批复造成影响。经多方协调，最终获得交通主管部门的支持，提前获得设计批复，为施工招标赢得宝贵时间。根据国家法律、地方法规、招标文件范本，合理设置标段、资格审查标准、评标办法，先后完成监理、试验检测、土建、交安、机电施工等招标工作，其中监理及土建、机电施工中标单位均为 AA 单位。

（2）合理确定初步设计概算。

根据调查掌握的大量工地现场资料和信息，结合改扩建项目特点和"营改增"政策要求，在项目总工程师及工程技术人员前期技术方案深化完善的基础上，项目管理处科学合理确定项目概算的编制原则及工料机单价；同时，积极与初步设计代部审查单位、广东省造价站等部门沟通，力争项目概算达到相对合理水平。本项目批复概算为 34.262 亿元，达到 1.0257 亿元/km。

（3）加强预算审核及把控项目造价。

根据广东省交通运输厅下发的现行施工招标文件范本及广东省造价站管理规定，结合本项目工程特点，编制项目专用合同条款和计量与支付规则。认真复核施工图和招标工程量清单，及时反馈给设计单位和造价咨询单位进行修改或清单勘误。组织做好工程材料信息价、临时用地、交通组织及维护、料场位置等情况的调研工作，从工艺、施工组织、费率、工料机单价、定额套用等方面对招标清单预算进行审查，并结合预算情况，参考同类项目的造价，合理确定招标控制价及下浮率范围。项目管理处合理测算项目的造价成本，制订项目造价控制目标，作为项目造价工作的指导依据。

（4）严格控制业主管理费用。

合理设置项目管理人员，精简机构，提高工作效率，减少业主管理费支出。本项目管理处机构设置是一个领导班子+四个职能部门，项目管理处总人数为 38 人，其中 7 人为后勤服务临时聘用人员。本项目线路长 33.264km，分为 4 个土建施工合同段和 2 个通信管线迁改施工合同段，项目管理处共派出 1 名代表和 2 名副经理对各施工标段、监理合同段、试验检测合同段进行现场管理、协调。项目计划合同部与工程技术部紧密配合，根据项目建设实际情况，尽可能准确地预计资金需求，合理编制年、季、月资金使用计划，合理安排贷款，减少利息支出，控制工程造价。

(5)严格控制工程设计变更,避免索赔。

由于高速公路改扩建项目建设周期较长,影响造价因素较多。比如由于早期设计时,因地质、水文调查不详细,或设计人员考虑不周、地方规划调整、提前通车、规范技术指标更改等原因,项目上或多或少发生工程设计变更。因此,项目管理处针对桥改路、桥改涵或涵改桥、增加桥涵、通道等设计组织专家技术人员到现场进行详细踏勘,通过论证优化方案,进行决策。在完善设计变更审批程序的同时,建立高效现场处理工作机制,施工过程技术变更控制得当,利用合约原则把关方案,实事求是,尽最大努力优化方案设计,严格执行合同条款对新增单价的审核,严格控制工程造价。本项目从一开始就以总变更金额不超施工合同额的5%作为设计变更造价控制目标,控制设计变更取得显著成效。同时在发生索赔事件时,积极、及时地收集、整理证据,厘清事件发生缘由,分清责任,积极进行反索赔。

第 5 篇

科技助力　多元手段固成效

　　拔丁抽楔，成效卓著。凭技术之新脱离施工困境，确保充分勘察后，发挥专业实力，因地制宜，灵活多变，以创新方案攻克施工难点；借信息化技术保障多方协同，搭建智能监控平台实时掌握路况，无纸化办公实现环保高效；以系统档案管理创工程典范，建章立制，筑牢制度基础，坚持责任到人，专职专员推进资料统筹工作。多元手段并行，终创品质工程。

　　惟保守也，故永旧；惟进取也，故日新。诸多难关当前，佛开高速公路南段改扩建项目的建设者们，以敢为天下先的胆略，逢山开道，遇水架桥，一路高歌，他们与工匠同行，与创新共舞，为这片广阔的土地勾勒出宏伟的蓝图，用奋斗定义新时代岭南速度，用创新塑造粤港澳大湾区全优奇迹。

第14章 项目科技创新

14.1 公路改扩建工程施工技术创新

14.1.1 改扩建路面工程绿色改造关键技术

采用拼接加宽方式的高速公路改扩建工程,既有硬路肩改扩建后将由应急车道变为行车道,承受荷载强度成倍数增长,为了提高路面安全储备系数,硬路肩改造通常采用全部或绝大部分挖除再新建的方式。该方法存在浪费大、转运、堆放等问题,与绿色公路的建设理念背道而驰。本项目原设计方案需挖除沥青混凝土15872.74m³、水泥混凝土19546.30m³、水稳基层25236.90m³、土路床52744.60m³,废料转运、处理难以满足绿化环保要求,同时工期将无法合理压缩或调整。

为突破上述常规做法,本项目提出路面工程绿色改造关键技术研究,主要通过对旧路硬路肩"体检"后,进行病害注浆补强处理后,直接利用作为扩建后第三行车道。采用新方案仅增加高分子注浆15763.3m²、钢花管注浆49672.0m、PVC(聚氯乙烯)管注浆29307.8m等就对全线66.53km单侧硬路肩进行补强后直接利用,直接经济效益总计节省约1.139亿元,节约工期约1.0年。

技术创新点:第一,首次提出了基于落锤式弯沉仪的水泥混凝土路面加铺不同厚度沥青面层的复合式路面结构承载力评价与脱空病害识别方法。第二,首次提出了考虑硬路肩原位利用的新建水泥混凝土路面板块划分与拼接方法。第三,首次提出了复合式路面裂纹产生、扩展两阶段设计准则。根据黏弹性理论,提出了考虑沥青混合料松弛效应的温度应力计算方法,建立了沥青加铺层和水泥板于结构极限状态下的设计准则,给出了新旧路面起裂疲劳寿命计算方法。基于断裂力学理论,提出了复合式路面二次加铺裂缝反射机理及考虑交通量、加铺层厚度等因素的裂缝扩展模型。第四,首次提出了基于新旧路面寿命均衡设计理念,并提出了与之配套的旧路加固、钢筋设置等行之有效的技术。

应用效果:提出的原位利用硬路肩的旧路评估与病害识别、非常规板块划分及拼接技术、基于寿命均衡的结构设计技术及成套处治技术,其研究成果已成为未来数年内此类改扩建工程的行业标杆,经济效益极其明显。就佛开高速公路三堡至水口段约33.4km的改扩建工程而言,将硬路肩作为第三车道的一部分,与常规的挖除硬路肩(单幅约60km)相比,节省原材料购买费用约8670万元,节省旧路面材料挖除、运输费用约1020.5万元,节省新材料生产、运输、摊铺、碾压费用约7744万元;除去硬路肩注浆、换填等增加的费用6044万元,直接经济效益总计约节省1.139亿元;缩短了建设周期约1年,减少了道路拥堵时间,尽早满足人们美好出行需要,增加通行费收入,社会效益和经济效益巨大;减少了废料存放、石料开采、运输及新料生产,减少了碳排放,环境效益显著。

14.1.2 新旧路基、桥梁拼接关键技术

在旧路改建中,拓宽后路基的质量问题,很大程度上决定改建后公路的使用寿命。而控制、延缓结合部处的开裂是保证拓宽改造公路质量的关键因素之一。由于路基原因引起的路面纵向开裂有两大类,一类是由于路基拓宽后新老路之间的不均匀沉降造成的,这也是引起在结合部位置产生纵向裂缝的主要原因;另一类是由于路基填土的强度不足造成的,新填筑的路基土顶面的当量回弹模量和原路面顶面的当量回弹模量相差较大时,就会在新铺设的路面结构内造成应力重分布,特别是在交界处位置产生较大应力,甚至产生局部应力集中,从而引起路面开裂。因此,需采取各种处治措施,以减少新拓宽路基的沉降量,进一步缩小新老路基的沉降差;同时加强新老路基的衔接,并保证路基的填筑质量,用来减轻新老路基性质差异所产生的危害。新旧路基拼接施工采取不同软基处理方式、边坡削坡和台阶开挖、土工格栅加筋、路堤的压实度控制、气泡轻质土路堤、液压夯实补强等综合措施,加强新老路基衔接,降低加宽路基沉降量,有效控制新旧路基不均匀沉降,形成可推广、可复制的成套技术。桥梁采用"上联下不联"方案,拼接采用特快硬钢纤维补偿收缩混凝土新型材料,消除在通车状态下行车振动对结构质量的影响,取得较好效果。

应用效果:目前本项目安全运营已2年,根据施工后监测数据,新拓宽路基的沉降量和新旧路基的沉降差很小,道路线形平顺、行车舒适度高,结果表明,上述多种技术措施有效且效果良好。

14.1.3 旧路面病害处置关键技术

既有高速路面为"白改黑"性质的复合式路面结构,旧路路面结构层及病害类型复杂。本项目在路面调查、路面强度无损检测(Falling Weight Deflectometer,FWD)和取芯验证等常规手段基础上,对旧路面全面进行"雷达扫描"检测,快速、准确检测路面各结构层病害情况,指导并验证病害处理方案。

应用效果:本项目采用高聚物注浆处理旧路面9.2万 m^2,较好地解决了"白改黑"后再加铺沥青层前的复合式路面病害处治问题,高聚物注浆具备聚合物凝固时间短、渗透性好、填充物强度较高、抗行车干扰能力强等特点。通过FWD、探地雷达及芯样进行强度检测,试验结果表明,高聚物注浆可以减小弯沉、提高结构承载力,填充脱空区域,使松散材料形成整体、提高强度,整体处治效果良好。工程实践经验可为复合式路面病害维修决策提供参考和借鉴。

14.1.4 旧路面检测成套技术

原佛开高速公路路面属于10年前加铺18cm沥青混凝土(分3层)的典型"白改黑"性质的复合式路面结构,既有路面病害未知。本项目在路面调查、FWD检测和取芯验证等常规手

段基础上,对旧路面全面进行"雷达扫描"检测。用于路面、路基状态检测的探地雷达主要由天线、发射机、接收机、信号处理和终端设备等组成。雷达通过天线发射具有一定频率的电磁波,向下传达,到达不同的介质其反射回的信号会有所不同,根据反射信号到达的时间及目标位置的平均反射波速就会大致对地质状况做出判断,快速、准确检测路面各结构层病害情况,指导并验证病害处理方案。通过深入分析路面病害的成因机理,并采取高分子注浆、增设抗裂贴等手段对旧路病害进行全面、彻底处理。

应用效果:采用路面雷达(频率900MHz)对原主、超车道右轮迹带路面进行扫描检测,各车道路面结构层内部疑似异常情况(脱空、松散、不密实、含水量丰富等)统计分析结果见图14-1~图14-5。

(1)原路面开平方向主车道结构内部存在异常的位置共有1922处,长度合计1.816km,占7.8%,约62.3%的深度范围在60cm以内,长度小于1m的占69.9%;超车道结构内部存在异常的位置共有1577处,长度合计1.583km,占6.5%,约68.6%的深度范围在60cm以内,长度小于1m的占64.7%。

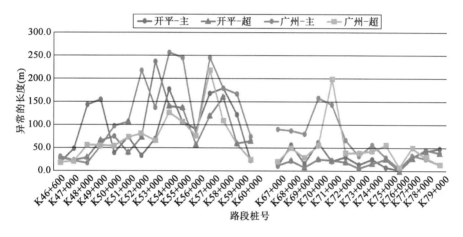

图14-1 原路面内部结构疑似异常的数量分布图

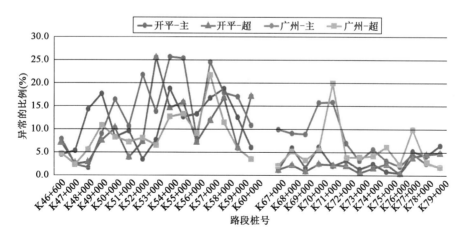

图14-2 原路面内部结构疑似异常的数量比例分布图

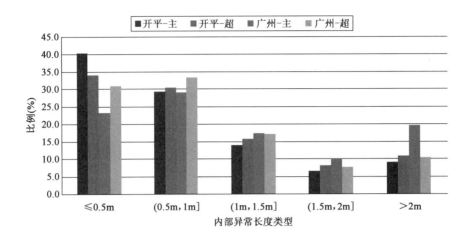

图 14-3　原路面内部结构疑似异常的长度类型统计

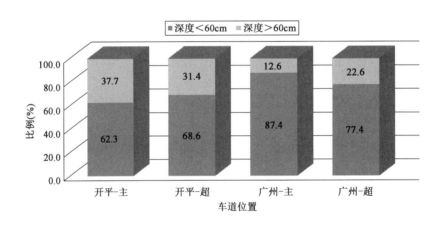

图 14-4　原路面内部结构疑似异常的位置深度情况统计

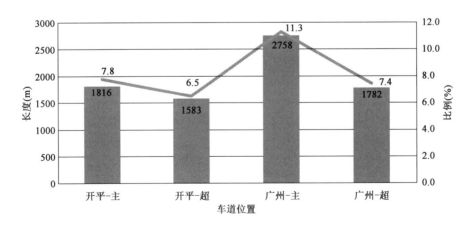

图 14-5　原路面内部结构疑似异常的长度统计

(2)原路面广州方向主车道结构内部存在异常的位置共有2016处,长度合计2.758km,占11.3%,约87.4%的深度范围在60cm以内,长度小于1m的占52.5%;超车道结构内部存在异常的位置共有1743处,长度合计1.782km,占7.4%,约77.4%的深度范围在60cm以内,长度小于1m的占64.5%。

该路段路面结构的面层为加铺18cm的"白加黑"路面,除纵向裂缝和坑槽修补外,主要病害是横向反射裂缝。通过对路面横向反射裂缝与雷达扫描判别结果进行抽样对比,发现路面有横向反射裂缝但板底可能无明显脱空的约占9.3%,路面有横向反射裂缝且板底有明显脱空的约占76.9%,板底有局部脱空的路面可能无横向反射裂缝。这些监测结果对后续施工方案的制定至关重要。

14.1.5 钢波纹管加固石拱涵技术

首次采用钢波纹管加固石拱涵。钢波纹管强度高,轴向柔性好,同时具有刚性和柔性。钢波纹管强度为水泥管的1.5~3倍,施工便捷,工期短。钢波纹管采用工厂标准规模化生产,质量稳定、可靠,管壁薄、重量轻,现场安装方便,不需使用大型设备,造价低。既有石拱涵采用内衬钢波纹管进行维修加固,即不影响路面交通,且不受季节及地质情况影响,方便快捷,与开挖重建相比,工期短,无施工安全、交通安全的风险,经济效益明显。

创新点:采用钢波纹管加固石拱涵,质量、安全、进度"一举三得"。首次在涵洞原有的结构上增加钢型波纹管,且通过技术检测其质量达标,高效完成结构物的加固,为工期进度的实现提供了保障。

应用效果:与拆除重建石拱涵相比,钢波纹管加固具有适用性广、造价低、施工便捷、工期短及后期养护简单等优势,特别是本项目在石拱涵维修加固中,避免"大拆大建",减少原位开挖路基带来的安全风险,不会对路面交通造成影响,且缩短工期,单位工程节约造价700多万元。

14.2 边通车边施工安全技术创新

14.2.1 交通安全管理成套技术

对于石步河大桥拆建和2处扩孔桥施工,原设计交通组织方案中,旧桥从桩基础到梁板架设只能单侧桥面施工,然后通过交通转换后施工另一侧桥梁,将既有线桥梁改造变成分幅异步施工,施工周期长、不合理,严重制约施工总体进度。结合现场实际进度情况的特殊性,对石步河大桥拆建和2处加跨桥段落的原交通组织方案创造性进行局部修改,提出将原交通组织方案第二、三、四阶段搭接工序科学合理调整为两阶段平行工序,左右幅扩建侧新桥同步施工至桥面系,然后再将交通转换至新桥,确保上述特殊段落左右幅"平行作业"至桥面系完成,此后的交通转换结合新旧路面整幅罩面进展适时调整,有效优化总体工期。

创新点:建立适应"边通车边扩建"的管理模式,成立协调工作机构、现场管控小组,加强涉路施工安全管理,形成"四方联动"机制;重视"边通车边扩建"的方案设计,做好交通组织专项设计和应急动态设计;强化"边通车边扩建"的交安设施,根据可能出现的各种突发情况,制定不同的临时交通标志设置方案,确保安全防护有效;健全"边通车边扩建"的应急预案,明确预案启动原则、条件、操作流程及应急恢复,结合交通管制实施情况,保证方案精准实施;细化"边通车边扩建"的分级信息,按交通量确定交通诱导、分流、控制点三级分流设置,合理分流及疏导交通流;着力进行"边通车边扩建"的现场管控,专项工程施工或交通转换前,召开交通组织方案现场研讨会,做到施工组织合理、动态管控到位。

应用效果:本项目施工期间"保安全、保畅通",优化交通组织方案,将"流水作业"转变为"平行作业",极大地提高施工效率,减少交通转换次数,全线仅进行9次整体性交通转换,未出现任何安全问题,平安顺畅,最终本项目较合同工期3.5年提前至2.5年建成通车。实现了改造期间车流量、交通拥堵平均时间呈逐期递减趋势,交通事故发生率稳中有降,安全生产形势持续稳定向好,全面完成各项指标,实现了业主、运营单位、建设单位、道路使用者多方共赢。

14.2.2 新泽西护栏永临结合技术

既有改扩建项目临时护栏、永久护栏采用外购或现场预制,实施过程均单独设置,未能在循环利用的基础上重复使用,不仅造成经济上的浪费,也增加了现场管控、调配的压力。本项目在施工过程中吸取以往经验,另辟新径,临时与永久护栏交叉使用,不仅降低项目成本,也有效地促进了施工的推进。

应用效果:本项目两侧拼接加宽里程共54km,新泽西护栏当作隔离墩用于旧路隔离达40km,利用率为74%,是交通组织方案中保证交通安全和施工安全的重要利器,既最大限度地减少隔离墩的预制,为加快进度创造有利条件,又彻底解决工程结束后临时隔离墩运输存放、占地浪费等问题;新泽西护栏永临结合,减少造价1500万元,节约资源,保障安全,体现低碳环保施工理念,为后续改扩建施工提供了宝贵经验。

14.2.3 地方道路分流改造技术

结合改扩建工程实际情况,沿线单侧加宽8.75m,作业面狭窄,要保持高效的施工组织,有效落实进度、质量、安全管理,沿线双侧的纵向(含横向联络)施工便道、便桥的作用非常重要。在设计阶段,为了充分利用现有资源,将既有通道尽量加宽或加高改造,沿线便道结合施工需要,永临结合适当改造,施工期间为项目所用、完工后普惠沿线居民。

应用效果:本项目为满足工程施工和地方发展需求,新增车行天桥4座(657m)、便民道路76条(11000m)、沟渠46处(5800m),彻底解决了原有通道净空或通行能力不足等地方民众和企业所诉求的问题,最大限度满足地方区域经济发展需求。如K79+250车行天桥已经成为司前镇深江产业转移园的重要通道。

第15章 项目档案管理及信息化建设

15.1 项目档案管理

高速公路建设是国家基础设施建设的重要组成部分,档案资料是工程实体的永久见证,完整、准确、系统的工程档案是项目竣工验收的基本文件,既可为后续养护整改提供了原始参考资料,也可对整个施工过程起到统筹规划和监督管理作用。

档案管理范围包括项目提出、立项、审批、设计、施工、交工验收、试营运、竣工验收全过程形成的文字材料、图表、声像材料等,共由立项审批文件、设计基础材料、设计文件、工程管理性文件、施工文件、监理文件、竣工文件、科研项目文件等八大部分组成。

15.1.1 项目档案管理目标及基本要求

(1)项目档案管理目标。

佛开高速公路南段改扩建项目工程档案管理目标:确保优良,争创优质,即档案专项验收争取达到"优秀"等级,力争广东省重大建设项目档案金册奖。具体目标:

①三个同步。工程项目建设初期同步建立项目档案管理机构;工程项目建设中同步进行项目档案文件材料的积累、整理和归档审核工作;工程计量支付与项目档案形成同步。

②项目资料真实、齐全、系统。设计、施工、监理及项目管理处的文件材料和图表必须齐全、真实和系统。所有分项工程有完整的施工记录、试验数据、质量检测、中间验收记录等质量保证资料。

(2)项目档案管理要求(表15-1)。

佛开高速公路南段改扩建项目通过有效的组织与技术管理,达到了工程档案的齐全性、完整性、准确性、规范性的要求,并实现了项目档案"双套制"管理,具体档案管理要求见表15-1。

项目档案管理要求 表15-1

工作流程	管 理 要 求
文件材料形成收集归档	①文件材料实行"谁形成谁负责归档"的原则; ②归档的文件材料,应保持文件的原貌和完整,应为原件; ③凡设备、基建项目、工程建设项目的档案应在工程任务进行的同时进行收集、整理,待交工完成验收后归档; ④竣工文件档案要求翔实、具体,改扩建项目实施过程中涉及的变更应在竣工文件中有追溯依据。文件内容、数据应准确,相互关联的数据应有实物可循且对应无误; ⑤会计档案,应由财会部按会计档案管理有关规定收集、整理; ⑥声像档案(含照片、录音、录像带等),应具体标明事由、时间、地点、人物、背景、摄影者六要素; ⑦归档的文件材料一般一式一份

续上表

工作流程	管理要求
档案整理	①项目管理处档案室按类别、保管期限、卷(件号)、年度等编制档案手工和机读目录; ②分类号采用英文字母结合阿拉伯数字或阿拉伯数字设定; ③条库房内档案按类别分别集中排列,类别内档案按类目顺序依次排列编号; ④档号采用大类号+分类号+案卷号(科技档案类)或年度、保管期限、件号(文书档案类)结构设置
档案保管保密	①档案库房应配置档案专用的密集架等设施设备; ②档案入库前一般应去污、消毒; ③档案库房应具有防火、防盗、防潮防霉、防光、防有害气体、防尘、防有害生物等防护功能; ④档案室负责定期清理核对库藏档案,做到账物相符; ⑤电子档案应储存到脱机载体上,储存在脱机载体上的电子档案应一式三套,一套封存保管,一套异地保管,一套提供利用 档案室建立室藏档案目录数据库,并实现档案的全文检索; ⑥档案室保管的涉密档案,按项目管理处保密制度执行
档案利用统计	①综合档案室保管的档案只供项目管理处各部门利用,其他单位和个人需要利用项目管理处档案的,需持合法证明; ②涉及党和国家秘密、专利和技术秘密、个人隐私或形成部门规定限制的各种形式的文件资料,经请示领导批准后方可提供利用; ③档案室应建立档案工作统计台账
档案鉴定销毁	①项目管理处成立由分管领导、各部门负责人、专业技术人员和档案人员组成的档案鉴定小组,对已经超过保管期限的档案进行鉴定一次,准确地判定存、销档案的鉴定工作,在综合事务部分管负责人的领导下,由有关业务部门和档案人员共同组成鉴定小组; ②对失去保存价值,确定销毁的档案,由鉴定小组提出销毁意见,档案管理人员做好编制《档案销毁目录清册》,经分管领导批准后方可销毁。销毁档案应指定两人监销,监销人应在销毁清册上签字; ③经项目管理处档案鉴定小组鉴定,仍需继续保存的档案应重新划定保管期限,对保管期满确无保存价值的档案应登记造册,填写销毁清册,经公司主要领导批准后进行销毁。销毁清册永久保存

15.1.2 项目档案管理工作亮点

高速公路建设项目档案的真实性、完整性、有效性、系统性,与工程项目进度与质量紧密相连。项目管理处成立以来,严抓项目档案管理工作,重点从明确目标、健全体系、完善制度、规范职责、科学管理、严格检查等方面采取多重管理措施,实施项目双套制档案管理,积极夯实工程建设档案管理基础,使得档案工作逐步走向规范化、制度化、信息化,为项目建设、经营、管理提供档案服务。

(1)建章立制,筑牢制度基础。开工之初,项目管理处拟定了《竣工编制办法》《建设项目档案管理办法》《施工、监理用表及归档排序》《档案工作评比办法》《声像档案拍摄与收集整理的要求》等一系列档案工作规范性文件(附表6、附表7),统一了各类归档文件的内容、格式、排序等,明确了项目立项审批文件、设计基础材料、设计文件、工程管理性文件、施工文件、监理文件、竣工文件、科研项目文件等从项目立项到竣工验收等全过程的八大部分档案的编制、整理、审核验收标准,强化变更依据和方案可追溯原则,规定了勘察设计单位、施工单位、监理单位等各方参建主体的档案管理职责。通过制定标准化的档案管理制度,增加了对改扩建项目竣工图管理标准的要求,如物图相符、物量相符等,促进档案管理的标准化、科学化、规范化,为后续工程项目的结算、决算与审计提供科学依据。

(2)职责明确,夯实队伍建设。项目管理处明确了档案管理责任划分,加强履约管理。档案工作的分管领导、分管部门、专职档案员职责界定明确,成立了档案管理工作领导小组与档案工作小组,领导小组对电子档案工作全面统筹,工作小组负责电子档案日常检查、统计等工作。要求参建单位在招投标及合同签订阶段,设立专门的档案工作条款,通过合同明确参建各方档案管理岗位人员责任和档案管理费用分配。在档案管理过程中严格执行履约监管,通过相关条款、制度,保证档案工作职责落实到人,促进主体责任落地生根。

(3)科学保管,规范工作流程。项目管理处率先启动了档案"双套制"管理模式,实现数字化档案管理,是广东省公路建设有限公司历史上第一个启用档案双套制管理模式的在建项目,项目档案数字化管理走在全省乃至全国前列。为保障项目数字化档案管理工作的有序推进,项目管理处规范项目的数字证书申领流程、档案工作流程,采用UKey电子签名的方式,在一定程度上提升了工作效率,保障了项目纸质档案与电子档案的质量,促进了工程档案与工程建设同步实施、同步动态管理,实现了对工程质量和所形成文件的动态控制,为重点建设项目档案信息化管理提供了宝贵经验,大大提升了档案管理的科学化水平。

(4)严格检查,强化过程管控。项目自开工之初起,严查施工资料造假、编造数据等问题,确保资料的真实性;针对档案质量的通病,加大检查、宣贯力度,及早发现不合格资料,避免日后积重难返。同时推行首件制立样板案卷,所有单位在预立卷工作正式开始质检,将样板案卷送监理及业主审核,按审核意见完善后,作为后续预立卷工作的质量标准。通过对样板案卷的高要求和严格审查,划定了整个项目案卷质量的底线。同时在项目的日常档案管理工作中加大工作检查力度并及时整改,不定期检查,形成"检查情况反馈表"来记录问题及整改情况、汇总记录检查发现的问题、明确整改负责人、整改落实时间节点,并由专职档案员、档案主管部门领导、分管领导签认后报送至业主处备案。

(5)加强培训,提高工作水平。项目管理处组织了各类有关项目档案管理工作的培训学习活动,邀请上级主管部门的专家领导到项目检查指导,提高全线专兼职档案员的工作水平和技能。一是施工单位进场后,项目管理处多次组织技术交底会议、专项培训答疑,将档案工作相关规定进行宣贯;二是要求各单位的专职档案员积极参加每年广东省交通运输档案信息管理中心举办的档案员业务培训,将结业证书作为佛开高速公路南段改扩建项目档案工作的上岗证;三是针对档案工作的依据性文件,组织全线档案员学习、考试,同时组织全线档案员到江罗、云茂、高恩等项目进行参观交流,先后共12次邀请广东省公路建设有限公司、广东省交通运输档案信息管理中心、广东省档案局等上级单位的专家领导到项目检查指导。通过开展灵活多样的培训、交底和交流学习,为及时规范档案工作和提升工作效率提供了有力的支持。

(6)开展评比,强化考核管理。评比竞赛是佛开高速公路南段改扩建项目档案管理工作的主要抓手,通过评比竞赛工作,发现问题,督促整改,树立标杆,组织学习,奖优罚劣,凝聚军心,力争广东省档案"金册奖"。依据项目管理处印发的评比办法,佛开高速公路南段改扩建项目档案管理工作每月考核评分一次,通报考核检查情况及明确整改要求,及时组织档案工作落后的参建单位召开档案专题协调会,明确各单位整改的时间节点,以及逾期不完成整改从重处罚的金额。每月综合检查考核评分,每季度汇总统计分数,进行考核评比,"树典、立标",采取月度综合大检查、季度专项检查、纳入劳动竞赛评比等模式,将历次检查结果纳入季度综合考核,参照《档案工作评比办法》汇总分数奖罚一次,奖励先进单位,处罚落后单位。项目管理处累计开展了7个周期的档案评比,奖励优秀个人14人次。

15.1.3 项目档案管理经验总结

高速公路建设项目档案作为高速公路工程建设项目的重要组成部分,必须在项目建立前期就做好档案工作的部署安排,提高档案管理的意识,培训专业的档案管理人员,并要求其积极认真地落实各项档案管理工作,实现项目管理工作的完整化和系统化,保障、促进项目建设的正常推进。

(1)加强档案签认职责的考核。加强专职档案员对归档资料的审核力度,加强对项目部质检工程师、技术负责人和监理机构专业工程师等所签名确认文件材料的真实性、准确性、规范性、齐全性的检查力度,确保归档文件材料的质量。检查中如果发现已归档、已签认的档案文件存在审核不严,导致案卷有质量问题,将按合同条款进行处罚。同时需要加强后续进场单位的档案指导工作。加强后续进场的交安和机电工程施工单位档案管理工作,落实项目档案管理要求和标准。

(2)保障档案资料完整、精确、规范。项目通过建立台账、周报、月报统计监测各单位资料形成、签认、移交、归档的及时性。要求各单位严格遵照单位、分部分项工程划分进行预立卷,过程中通过检查预立卷的案卷目录,监测资料覆盖的全面性;通过检查各案卷的卷内目录,监测资料的完整性。过程管理中,项目管理处要求各参建单位提交了手工签名的备案资料;在日常检查中,注重对签认情况的考察,确保资料形成的规范性。档案管理的文件资料使用UK签名,自动生成专属二维码,便于分辨文件资料的真伪,同时UK签名可具体到年、月、日、时、分、秒,减少文件滞后,大大提升了文件的同步性。

(3)抓住概括档案管理重点、难点。本项目为改扩建项目,与新建项目相比,其在档案管理方面也存在一些不同。在建立项目档案时,既要充分利用项目既有的原始资料和档案文件,在项目实施的过程中,也要注意实际施工数据的收集、整理和归档,并且在最终的文件中按照实际情况对相关数据、指标、施工参数进行修改和校正,保留下最新的、与项目实体相符的数据和档案。这样形成的项目档案,一部分来自原始档案,一部分来自实际实施过程中整理归档的档案,资料来源相对较多、内容相对较杂,因此,在做本项目档案管理时,更加注重档案的规范化、完整化。

(4)强化档案管理人员的培训工作。项目在正式开工后立即组织各参建单位对档案工作进行宣贯交底,强调档案工作过程中需要注意的事项,统一各参建单位档案管理思想,并出试卷对参建单位的相关档案人员进行考核,以点带面促进整体水平的提高。组织项目档案人员参加广东省公路建设有限公司举办的"建设项目档案专题培训",确保各参建单位专、兼职档案员均能持证上岗。组织项目档案人员到优秀项目参观学习,采取走出去学习、内部集中培训、项目之间经验交流、日常交叉检查等形式,多举措提升档案人员队伍总体实力。积极组织项目档案人员参加上级档案主管部门举办的档案培训、学习,提高项目档案管理人员工作能力和业务水平,落实专兼职档案人员持证上岗管理制度。根据项目档案工作实际情况,加大邀请上级档案单位领导和专家的检查指导频率,及时发现和解决项目档案工作过程中存在的问题。

15.2 项目信息化建设

15.2.1 工作平台信息化

项目团队成员在工作过程中使用"无纸化"办公自动化(OA)系统软件,使得项目团队成员在处理各项文件、通知、邮件等工作事项中,能够有效地提高工作效率与工作水平,做到及时处理广东省交通集团有限公司的各项事务及通知,更好地与广东省交通集团有限公司的工作进行对接,进一步促进项目的顺利进行与成功验收。

15.2.2 监管手段信息化

在项目的施工过程中使用信息化的智能监控系统及实时路况监控系统(图15-1),建立了"互联网+"应急监控指挥平台,对高速公路现有的业务数据进行整合,逐步建立更加完善的"大监控"工作体系,实现施工现场实时监控,及时处理路面信息及紧急情况。除此之外,项目部还在路面施工中,采用压路机钢轮加钢丝绳、安装倒车雷达及影像,自动喷油等措施,消除人工操作的安全隐患。同时建立建设单位、监理单位、施工单位安全管理人员手机微信平台,将现场安全管理及安全管理人员检查情况,拍照上传至微信平台,通过点赞安全行为、曝光违章行为、发出安全指令等,大大加强了沟通,加速安全问题的解决。

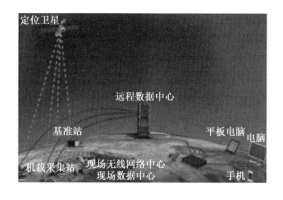

图 15-1 H 智能实时路况监控系统

15.2.3 计划实施信息化

在项目的实施过程中使用了HCS,该系统功能包括合同管理、计量、材料变更等功能(图15-2~图15-4),其中计量周期为每月一次。通过使用HCS,使得管理更加方便、快捷,便于工程量的统计和核对,有效降低工作中的错误率。

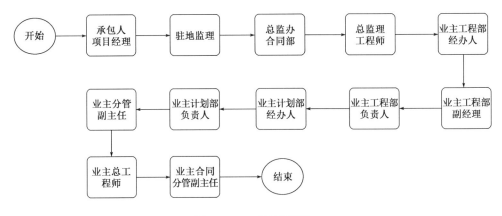

图 15-2　HCS 计量流程图

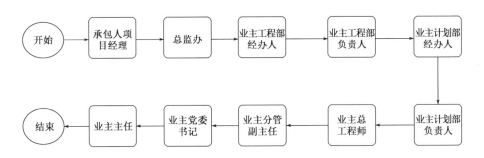

图 15-3　HCS 材料调差流程图

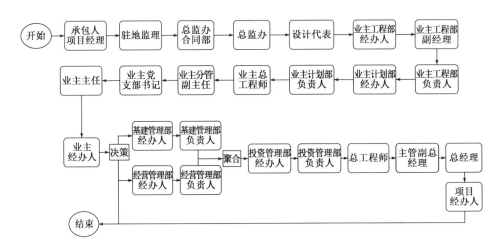

图 15-4　HCS 材料变更流程图

15.2.4　项目管理信息化经验总结

本项目为代建模式,信息化管理实现了项目参建各方的协同工作。在信息共享的环境下通过自动完成某些常规的信息通知,减少了项目参与人之间需要人为信息交流的次数,并使信息的传递变得快捷、及时和通畅。同时,它适应项目管理对信息量急剧增长的需要,允许将每天的各种项目管理活动信息数据进行实时采集,并对各管理环节进行及时、便利的督促与检查,实行规范化管理,进而促进了各项目管理工作质量的提高。再者,利用信息技术提供的便利,减轻了项目管理处日常管理工作的负担。信息管理系统为项目管理处提供完整、准确的历史信息,这些信息方便浏览并支持在计算机上粘贴和拷贝,减少了传统管理模式下大量的重复抄录工作,极大地提高了工作效率。

第 16 章　项目总结及主要成果

16.1　项目改扩建亮点

16.1.1　快——控工期、进度快

本项目施工进度快,管理高效。原计划3.5年的合同工期,通过多方融合,高效推进进度,最后工期缩短到2.5年,刷新了"广东速度",为缓解拥堵交通压力作出巨大贡献。

项目管理处政治站位高,以缩工期、保畅通为己任。首先,联合各参与方协同推进项目进展。代建方积极与政府方沟通,使得项目的征地拆迁工作进展顺利,为提升施工进度奠定了良好的基础。以项目代建方为中心,将设计方、施工方、供应商三者深度融合到项目之中,构建出"佛开南式的三融一体"模式,使得项目各参与方通力合作;整个施工过程中调配得当,从征地拆迁到采购和施工,各项任务都迅速推进,最终提前实现项目交工。其次,充分发挥项目管理处的技术管理优势,细审核、严交底、勤检查、抓落实。强化目标管理,通过深度优化设计、制定严格的施工进度控制计划,不断优化施工组织设计方案,确保施工质量,保障项目工期,最终达到一体化管理项目的目标。

16.1.2　好——质量好、零事故

项目始终以质量为核心,以品质工程、绿色工程为理念,实施创新驱动战略,重视项目的科技支撑作用,充分利用技术手段促进度,保质量,保安全。工程实体质量好,工程质量评分95.1,安全管控到位,零安全事故,行车通畅。

交通运输安全方面,在交通管制方案的规划与落实、重要安全节点安全评估及管控、路政交警辅助管理等表现突出。真抓实干,多项措施保障共和以北项目交工验收阶段完美收官。

工程质量方面,以品质工程、双标管理作为有效抓手,建立健全质量管理体系和质量责任体系,按优质工程标准把控实体工程质量,推行"首件制"管理,充分发挥首件工程的引领示范作用。利用技术创新确保工程质量,保留了佛开高速公路旧路硬路肩,采用新旧拼接技术,在确保质量的同时,通过资源重复利用,节省造价,达到了绿色环保、降低造价的目标;合理优化方案,新泽西护栏永临结合,资源重复利用,降低临时交安造价,开创了改扩建项目的先河;采取水稳料补强的技术措施来保证雨季路基交工验收,保障共和以北的提前通车;采用回旋钻机

和"四搅三喷"等工艺方式改进施工工艺,确保路基及时交付和涵洞或路基回填的高质量施工;及时调整路床交工验收高程的标准,利用沥青混凝土下面层作为调平层处理,确保新旧水泥混凝土板面层高程一致;改单斜面护栏为双斜面护栏,确保在转换交通前后的质量安全和效果;400余项方案变更或经解决的技术难题,为工程项目的顺利推进、项目的顺利交工验收奠定了坚实的基础。

16.1.3 省——多措施、造价低

本项目决算总金额为326459.91万元,较批复概算节约16160.76万元,竣工决算后改扩建高速公路平均每公里造价为9814.21万元,创造了高速公路改扩建的奇迹。

首先,通过深化设计,优化变更控制造价。广东省交通规划设计研究院股份有限公司承担改扩建工程项目的勘察设计工作。初勘阶段开展了大量的外业调查及现场勘察,对项目的路面及桥涵进行了较为全面的检测。依托较为全面的勘测资料和国内外高速公路改扩建项目的经验,就通道的改造、新增跨线桥等具体方案与地方政府、广东省高速公路建设总指挥部进行充分的沟通协调,在满足限额设计的前提下,充分考虑了地方的使用需求,提出了改扩建总体设计方案,并结合初步设计预审意见,进一步完善和细化了初步设计图纸,使初步设计方案切实可行,可施工性强。施工图设计阶段,结合项目的实际情况对设计方案又进行了反复优化、调整,从源头上合理控制了工程造价。

同时,项目管理处结合自身专业实力和经验优势,深入参与项目全过程的方案审查和优化管理,完善细化了设计变更管理办法,反复落实设计的施工方案,充分利用"外脑",组织召开专家变更审查会议和变更专题研讨会,为确保设计变更的合理性和方案的优化打下了坚实的基础。在具体的实际施工过程中,结合项目施工现场的具体情况,与勘察设计单位配合,针对项目的轻质土软基处理、石步河大桥改建、旧路面病害处理、悬臂式挡土墙支护、旧路硬路肩处置以及车行天桥钢箱叠合梁六项设计方案进行变更优化,核减了工程费用7710万元。

其次,通过技术引领,合理降低造价。本项目改扩建项目单位造价在广东省全省范围内处于偏低水平。项目管理处充分利用自身雄厚的技术实力,以技术引领管理,全方位合理降低造价,项目最终造价相对较低。尤其在建安费控制方面,通过前期技术方案的深化完善、施工过程中得当的技术变更控制及合同履行中严格把关的合约手段,最终实现优质低价。如:维持扩建全线平纵坡不变原则,对高速公路隔离影响地方商业地块,采用增建四座天桥方式支持地方持续建设,避免增加大幅改桥、改路建设;对全线38座中小桥桥面换板,参照现行公路桥涵施工规范标准优化新板截面结构设计,维持与旧板同等截面尺寸,维持桥面原高程不变,避免大范围桥面沥青混凝土桥面调平工程量;实施边坡、软基动态优化变更管理,边坡基本维持原设计防护模式,搅拌桩软基处理参照静力触探结果细化方案标准,节省2400多万元;同时,为确保工程进度和质量,参照试验桩数据,由设计的"二搅一喷"工艺改为"四搅三喷",对涵洞基础软基增加了钢筋混凝土方桩、管桩等处理方案,增加了部分造价,软基处理总价基本持平;挖掘项目技术方潜力,进一步优化设计方案,采取轻质土挡土墙取消悬臂式挡土墙、轻质土路段取消二级平台搅拌桩、钢混结构的天桥改用预应力混凝土箱梁、硬路肩利用、石步河桥桥改路基等方案,核减造价9400多万元。

16.1.4 优——绿色环保、文明施工、品质工程

项目在施工过程中以高质量发展为指导思想,严格遵守"绿色施工、文明工地、品质工程"等方面的要求,引入城市园林理念,将项目功能实现与周围环境的美和零污染有机结合。开工前,项目代建单位与施工单位一起,提前制定施工环保方案,从源头上遏制施工污水、噪声、废弃物等对周围环境的影响。施工过程中,通过沿线边坡及防护绿化,提升整体景观效果;将路堑边坡坡口线弧化处理,实现坡体整体景观与周围山体的自然融合;响应绿色公路理念,采用"滑模路缘石基础+路缘石"方案,杜绝路面污染,提高路面零污染施工水平。多种措施相结合,最终打造了项目施工的有序、环保、绿色节能。

16.2 项目主要成果及奖励

(1)项目获得国家实用新型专利6项。
(2)"佛开高速公路南段改扩建路面工程绿色改造关键技术研究"获2020年广东省公路学会第二届科学技术奖三等奖。
(3)佛开高速公路南段改扩建项目获2017年广东省公路水运工程"平安工地"示范项目冠名。
(4)"高速公路边通车边扩建项目安全管理保畅通机制"被广东省交通运输厅评为2020度安全管理或安全宣教的体制机制创新成果重点推荐案例。
(5)"路堑边坡坡口线弧化工艺"等4项工艺创新入选2018年广东省交通集团有限公司高速公路建设微创新指南。
(6)主持编制《广东省高速公路改扩建工程项目安全标准化管理手册(送审稿)》。
(7)项目负责人2019年获中共江门市委、江门市人民政府"江门市劳动模范"称号。
(8)项目负责人2019年获交通运输部"全国交通运输系统劳动模范"称号。

附表

附表

工程概况及主要技术经济指标（费用数据仅供参考）

附表1

建设项目名称		广东省三堡至水口公路改扩建工程						
建设项目地址或地理位置		项目起自鹤山市雅瑶镇三堡，接已建沈阳至海口国家高速公路谢边至三堡段，止于鹤山市址山镇（水口立交前），接已建沈阳至海口国家高速公路开平至阳江段						
建设起止时间	计划	2017年05月开工至2020年12月交工		工程建设规模		主线公路里程（km）		33.264
	实际	2017年05月开工至2019年10月交工				支线、联络线里程（km）		
立项批准（核准）情况	部门	国家发展和改革委员会	日期	2016年08月30日	文号	发改基础[2016]1874号	主要技术指标	
初步（修编）设计批准情况	部门	交通运输部	日期	2017年01月22日	文号	交公路函[2017]73号	公路等级	高速公路
施工许可批准情况	部门	广东省交通运输厅	日期	2017年12月18日	文号		公路设计速度（km/h）	120
交工验收情况	部门	广东省交通运输厅	日期	2019年10月30日	文号	交工验收报告表编号：2019001,2019009	设计荷载	公路一I级
	工程质量评分	95.35		等级		合格	路基宽度（m）	整体式42.0
建设单位		广东省高速公路发展股份有限公司佛开分公司					隧道净宽（m）	
质量监督机构		广东省交通运输工程质量监督站					地震动峰值系数	0.10、0.05
主要设计单位		广东省交通规划设计研究院股份有限公司						

	主要工程数量		
工程名称	单位	设计	竣工
路基土石方	m³	4379873	2632209
特殊路基处理	km	23.301	24.198
路基排水圬工	m³	90452	84677
路基防护圬工	m³	72349	126735
路面工程	m²	1141767	871372
大、特大桥	m/座	475.6/1	303.235/1
中、小桥	m/座	1224.152/51	1357/51
涵洞	m/道	4182.92/137	2725.574/135
隧道	m/座		
分离式立交	处	4	3
通道、天桥	座	1338.34/46	0

续上表

建设项目名称	广东省三堡至水口公路改扩建工程		
主要监理单位	广东华路交通科技有限公司		
主要施工单位	中铁隧道局集团有限公司,保利长大工程有限公司,中交第一航务工程局有限公司,中铁十八局集团有限公司,北京汉威达交通运输设备有限公司,广东新粤交通投资有限公司		

费用情况(万元)			
费用名称	批准设计概算	工程决算	净增减额
第一部分 建筑安装工程费用	219748.96	251831.26	32082.30
临时工程	8136.11	5798.64	-2337.48
路基工程	51781.08	46796.54	-4984.54
路面工程	39283.75	44598.29	5314.53
桥涵工程	30841.51	18193.87	-12647.64
交叉工程	62274.36	32347.73	-29926.63
隧道工程	13150.66	13170.95	20.29
公路设施及预埋管线工程	9333.01	3415.12	-5917.89
绿化及环境保护工程	4948.48	0	-4948.48
管理、养护及服务房屋	0.00	87510.13	87510.13
建安工程其他费用	1191.01	526.75	-664.26
第二部分 设备及工具、器具购置费	1144.25	493.31	-650.94
设备购置费	46.76	33.44	-13.32
办公及生活用家居购置	79868.46	53534.13	-26334.34
第三部分 工程建设其他费用			

工程建设规模		主要工程数量	
土地征用及拆迁	批复用地(亩)	1005.27	
	永久占用土地(亩)	1343.67	
	实际拆迁房屋(m²)		
	平面交叉	设计	
	互通式立交 处	实际	
	连接线、辅道长度 km/处	设计 7995/3	7995/3
		实际 0	0.215/1
	管理及养护房屋 m²	设计	
		实际	

工料机消耗		主要机械消耗(台班)	
主要人工消耗(工日)	设计 4226179	水泥(t) 设计 49230	384125
	实际 3611115	实际 34996	249558
主要材料消耗	钢材(吨) 设计	碎石(m³) 设计 32911	414680
	实际	实际 33540	393445
	沥青(吨) 设计	砂(m³) 设计 335	1923193
	实际	实际 522	2066645
	汽油(吨) 设计	重油(t) 设计 13461	730718
	实际	实际 6740	474431
	柴油(吨) 设计		3602
	实际		2758

续上表

建设项目名称	广东省三堡至水口公路改扩建工程		工程建设规模			主要工程数量	
				工程内容或名称	预计投资（万元）	主要工程数量	预计完成时间
土地征用及拆迁补偿费	68355.99	33018.43	-35337.56				
建设项目管理费	6729.68	14536.32	7806.64				
研究试验费	0.00	278.93	278.93		各标段结算节点奖	76	
建设项目前期工作费	4152.49	3925.22	-227.27		2标中央分隔带排水变更	50	
专项评价（估）费用	518.22	1775.23	1257.01	主要尾工工程	桥梁加固变更	30	
联合试运转费	112.09	0	-112.09		共和枢纽互通对接江鹤高速公路改造费用	26990	
生产人员培训费			0		址山服务区规模升级改造费用	39945	
预备费	15261.71	928.28	-14333.43				
其他费用项目	5190.25	7889.02	2698.77				
建设期贷款利息	21360.27	11750.46	-9609.81	总决算造价指标（万元/km）		9814.21	
项目总造价	342620.67	326459.91	-16160.76	建安费造价指标（万元/km）		7570.68	

佛开高速公路南段改扩建项目管理制度汇编

附表 2

类别	制 度 汇 编	类别	制 度 汇 编
工程技术进度质量管理制度	工程管理指导手册	安全生产管理制度	安全生产会议制度
	工程质量管理办法		"平安工地"考核评价制度
	工程计划进度管理办法		安全生产档案管理制度
	首件验收实施管理办法		安全生产管理办法
	隐蔽工程管理办法		安全生产检查管理实施细则
	桩基终孔管理办法		安全生产教育培训制度
	原材料质量管理办法		安全生产应急管理制度
	工程处罚管理规定		项目管理处员工安全生产职责
	质量责任登记和责任追究制度		安全生产专项费用管理制度
	质量问题及质量事故处理程序		创建零事故班组实施办法
	工程技术管理办法		生产安全事故报告制度
	文明施工和环境保护管理办法		生产安全事故应急预案办法
	监理管理办法		危险性较大分部分项工程安全管理制度
	试验检测管理办法		危险源辨识、风险评估与控制制度
	设计代表管理办法		文明施工管理实施办法
	档案管理办法	合同管理制度	合同管理办法
	竣工文件编制管理办法		计量与支付管理办法
	科技项目管理办法		变更管理实施细则
综合管理制度	信息化管理办法		法律事务管理办法
	项目各参建单位行政公文处理办法		比质比价管理办法
	综合后勤管理办法	双标管理考核制度	"优质优价"和"优监优酬"实施办法
	会议制度		标准化工地建设考核评比办法
	员工考勤管理暂行规定		"优监优酬"检查评比办法
	人事管理制度		分项工程质量检查评比实施细则
	党务综合管理制度		专项工程质量检查评比实施细则
	信访、接访工作制度		标杆工程评选实施细则
	档案综合管理制度	财务管理制度	财务管理办法
	对外宣传、信息采集及报送管理规定		预算管理规定
	办公室综合管理制度		日常费用报销管理规定
	固定资产及低值易耗品使用管理制度		收据、发票、财务印章管理规定
	采购管理制度		货币资金管理规定
	公务车辆和驾驶员管理制度		应收款项管理规定
	公务接待管理制度		备用金管理规定
	公文处理及管理规定		固定资产管理规定
			会计档案管理规定

附表 3

佛开高速公路南段改扩建项目各标段现场道路总体规划

标段	进场通道情况	分幅	纵向施工通道规划	路基范围内重点施工内容及数量
1	县道 Y901 在 K47+599 中桥附近进入左右幅加宽范围（K46+600~K48+200）	左幅	从 K47+599 中桥向两边，两端延伸进入标头范围，重点是轻质土路基挡墙，左幅沿线完全可以利用 Y901 作为纵向通道。	
		右幅	右幅外侧需要重新规划纵向通道，一直延伸到赤草互通代建段	
	利用县道 Y901 支线在 K50+210 附近交叉口通道，进入赤草互通主线终点附近左右幅路基（K50+500~K55+000）；同时可以利用县道 Y993 通过 K53+676 小桥转换交通进入主线。	左幅	左幅由 K50+250 向大桩号侧推进，利用附近通道进入施工现场。纵向通行一直 K51+600 都有通道，K51+788 之间需要修建通道，中间有通道即 Y993 交叉处），纵向通畅左右幅，一直到 K53+676 小桥（即县道 Y993 交叉处），纵向通畅	低填浅挖左幅 34 段，右幅 30 段，合计约 4021m，占总长 24%；软基处理左幅 17 段，右幅 19 段，累计长 3035m，占路基总长 18.2%（包含左幅 12 段，右幅 14 段搅拌桩，总长 133942m
		右幅	右幅由 K50+250 向大桩号推进 250m 后进入边坡地段，需绕行 200m 后，可通过地方路进入主线，从 K50+700~K51+100 纵向可以通行，K51+100~K51+280 需要绕行（或修建纵向通道）；其后 K51+280~K55+000 可以通过拉通 Y993 横向通道即可进入现场，其中 K52+778.805 涵洞外侧通道需要提前修建便道（目前道路陡峭），否则影响目前通行，沿线双侧均有道路可进入现场	
	利用县道 Y080 可以进入 K55+000~K57+000（标尾）范围	左幅	左右幅纵向通道均比较顺畅，此段路基施工重点是肩挡土墙的等结构物	
		右幅		
2	标头至共和互通以及共和互通至标尾全线，基本有道路通行（互通区存在闭合区）	左幅	全线左右幅基本可以纵向通行。互通闭合区要拆临道局部防护围栏可以进入（涉及临时防护，需要办理路政手续）	低填浅挖左幅 10 段，右幅 18 段，合计约 2120m，占总段长度 16.2%；软基处理左右幅各 5 段，合计 814m，占 7%，其中包含搅拌桩 8 段 48987m，2 段管桩 3141m
	右幅纵向通道比较少，需要多处横向村道接入	右幅	右幅可以通过 K57+297、K57+487、K57+953、K58+409.568、K58+569、K59+044.165 等多个涵洞将右幅连接，而且 2 标此段落右幅有大小 10 处边坡，需要开挖后才有纵向通道需要与外侧村道相连，共和互通尾部在 K61+902 附近，与省道 S270 共建路相交	

续上表

标段	进场通道情况	分幅	纵向施工通道规划	路基范围内重点施工内容及数量
3	可以通过大陂水库桥桥下改路，K67+505改路，K68+396中桥，K69+974中桥（乡道Y243）等桥下道路，与外面镇的S364或司前镇既有村道相连	左幅	纵向地势相对比较平坦，可以通过进场通道，作为进场通道相连，然后纵向可以向两侧延伸，从K67+505改路与外面村道相连；从K67+680开始到K68+300外侧全是陡峭边坡，需要从两侧向中间开辟纵向通道，从K68+396中桥（3×13m）开始至K68+900纵向直接可以修改通道，K68+900~K69+000段落是2级落是2级落坡，可以从两端开挖进入现场，K69+041附近开始需要修建纵向便道，K69+100附近开始需要修建纵向便道，其间穿过K69+621、K69+685.556等小桥是有垂直方向需进入现场的村道入进场，一直修到K69+974.826（4×16m）中桥附近，其间穿过K69+621、K69+685.556等小桥由有纵向边有线旁纵向改道通道用有直至标尾	低填浅挖左幅16段，右幅14段，合计2230m，占标段总长度16.4%；软基处理左幅1段，右幅3段，合计465m，占3.6%（搅拌桩处理待定）
		右幅	从标段头至K67+200需要修建纵向便道，从K67+200至K68+396中桥附近需要从两端向中间纵向修建通道，从K68+396至K68+974中桥需要从两端向中间纵向修建便道作为通道；从K69+974中桥以后，即可以利用地方路或者前协助做好改沟改道或者改沟改道作后纵向通道，个别段落有鱼塘，需要修建塘埂	
4	从标头K73+400一直到石步河桥头绝大部分施工段落可以通过乡道Y208、Y160等多条道路引入主线纵向连通，石步河桥后有乡道Y884、Y882、国道G325等引入主线，然后再修改通道（包括一部分改路改沟）	左幅	两侧道路发达，完全可以根据路基结构物划段施工，也可以根据软基处理情况适当安排施工机械，相对简单	低填浅挖左幅16段，右幅15段，合计2855m，占标段总长度21.6%；软基处理左幅17段，右幅20段，合计5883m，占标段长44.6%，包含26段搅拌桩411236m，5段管桩49832m
		右幅	在石步河右幅修建便桥，要重型运土车及20m小箱梁运梁车通行，其余纵向段落修建施工便道，作为纵向通道	

附表

佛开高速公路南段改扩建项目总体进度分析表

附表 4

序号	工序内容	时间	主要施工内容	主要工程内容和数量	控制性工程名称工程量、节点工期	投入设备	控制性工程工期分解	关键路径（重点项目）	衔接段、薄弱点分析（应对措施或方案）	备注
第一阶段	既有线左、右幅双向四车道通车情况下施工	2017.6—2018.12	左、右幅路基软基处理、涵洞加宽、涵洞基底处理、接长（重点在左幅）	1标:挖方69.4万 m³,填方22.65万 m³;清淤换填13.4万 m³;水泥搅拌桩38道,涵洞接长1857m(挡土墙混凝土31825m³)。 2标:挖方32.78万 m³;清淤换填11.02万 m³;水泥搅拌桩4.9万 m³;管桩0.3万 m;涵洞25道。 3标:挖方27.12万 m³;清淤换填15.2万 m³;水泥搅拌桩1.56万 m³;管桩21.6万 m;涵洞27道。 4标:挖方12.75万 m³;清淤换填28.15万 m³;水泥搅拌桩3万 m³;管桩23万 m;涵洞41道。	水泥搅拌桩（左幅拼宽约32万 m),涵洞接长（84座），2016年10月底前完成;右幅2016年12月底前完成;2017年9月开始劳动竞赛。 2018年1月底前节点工期是1、2标:涵洞100%,路基挖填全部完成,3、4标完成搅拌桩,涵洞80%,路基挖填土40%。1~4标2018年5月开始左幅交工验收路基,7月份开始右幅路基交工验收;路面结构层施工要考虑纵向通道	1标:至少投入水泥搅拌桩桩机9台,盖板涵模板9~10套。 2标:至少投入水泥搅拌桩桩机4台,盖板涵模板5~7套,管桩机1台。 3标:至少投入水泥搅拌桩桩机12台,盖板涵模板5~7套。 4标:至少投入水泥搅拌桩桩机12台,盖板涵模板5~7套,管桩机4台	2017.7—2018.10 (2017.7—2018.6)	1标:路基土石方,清淤换填,水搅拌桩,涵洞加长。 2标:清淤换填,拌桩,涵洞。 3标:水泥搅拌桩,涵洞。 4标:清淤换填,水泥搅拌桩,管桩,涵洞。	1.共和互通左幅主线与匝道包围的路段（2标），同前面结构层施工，开工一定时间后即存在互通左幅主线A、C匝道封闭区域（3标）路基加层及路面需要穿越行车线进入施工区域，开工一定时间后（间断性）开口和防护管理问题。 2.当涵洞基底处理时，用搅场后首先选择涵洞基底处理段施工，同时要注意软基实施动态设计	

· 143 ·

续上表

序号	工序内容	时间	主要施工内容	主要工程内容和数量	控制性工程名称、工程量、节点工期	投入设备	控制性工程工期分解	关键路径（重点项目）	衔接段、薄弱点分析（应对措施或方案）	备注
第一阶段	既有线左右幅双向四车道通车情况下施工	2017.6—2018.12	中、小桥加宽（桩基、立柱、盖梁、架梁、桥面系）	1标：小桥6座，中桥4座，本阶段完成桩148根，架梁110片。2标：小桥4座，中桥1座，天桥1座，本阶段完成桩62根，架梁54片。3标：小桥9座，中桥3座，天桥1座，本阶段完成桩252根，架梁171片。4标：小桥11座，大桥1座，天桥2座，本阶段完成桩164根，架梁292片	桩基628根，架梁627片，1标、2标、3标桥梁加宽段基础及下构2018年4月前完成，左幅计划从7月开始架梁（石步河是关键通道）。右幅于8月开始架梁，迟于8月开始架梁；共计22座中小桥单幅架梁板安装，2018年10月完成。	1标：投入桩机10台。2标：投入桩机4台。3标：投入桩机17台。4标：投入桩机11台（不包括石步河大桥桩基投入）。线路起终点各设置1个梁板预制场，主要承担终点预制场主要承担左幅单幅梁板预制	2016.10—2018.10（2017—2018.6)	架梁：1标、2标、3标、4标左幅通过石步河大桥左幅作为纵向通道，由4标大桩号侧推进，并依次推进，3标、2标、1标右幅架梁按1～4标桩号顺序推进，但不排除全线因关键部位需要提前架梁的情况，需按工期要求特殊处理	架梁顺序和通道同步需要根据实际进展情况、专门例会研究，动态调整和控制	
			石步河大桥新建（4标）	全桥19跨，新建桥桩基88根，小箱梁114片，有20m、32m、40m小箱梁及部分不等跨梁（17.892m、23.277m、26.5m)	石步河大桥桥基加宽段同步施工，左幅同步下部构造及盖梁2018年5月前完成，7月完成架梁和桥面系，将作为全线左幅运营重要通道	4标：至少投入桩机10台，左右幅各5台，交替进行	2017.7—2018.10	同步完成石步河大幅前后路基段拼宽及路面施工，结构层第一次交通转换提供通道	同步完成石步河右幅桥大小桩号拼宽路基路面施工，为右幅桥基路面作为交通转换通道	

· 144 ·

续上表

序号	工序内容	时间	主要施工内容	主要工程内容和数量	控制性工程名称工程量，节点工期	投入设备	控制性工程工期分解	关键路径（重点项目）	衔接段、薄弱点分析（应对措施或方案）	备注
第一阶段	既有线左右幅双向四车道通车情况下施工	2017.6—2018.12	石步河大桥新建(4标)	全桥19跨，新建桥桩基88根，有20m、32m、40m小箱梁及部分不等跨梁（17.892m、23.277m、26.5m）小箱梁114片	右幅新建桥2018年10月前完成架桥梁和桥面系，为交通转换提供通道。尽可能施工不受影响区域的旧桥部分桩基础，为后续工期创造条件	4标：至少投入人桩机10台，左右幅各5台，交替进行	2017.7—2018.10	同步完成石步河右幅桥前后路基段拼宽及路面结构层施工，为第一次交通转换提供通道	同步完成石步河大小桩号拼宽路基、路面工程作为交通转换通道	
			路面加宽范围左右幅面层第二层完成	垫层4.4万m³，水稳8.75万m³，C40混凝土7万m³，ATB沥青碎石下面层4.2万m³，中面层2.65万m³	2018年10月前完成上基层摊铺，形成纵向通道，2018年12月完成待转换交通部分架梁和桥面系、路面水稳、混凝土基层、面层（含罩面），标志线	2标：投入2台8m³水泥拌合楼，2台水稳拌和楼，2套水稳摊铺设备，1套水泥混凝土滑模摊铺机（根据工期需要增加三辊轴机工点）	2018.10—2018.12（2018.7—2018.9）	2标：本标段软基处理、路基加长、涵洞（分段交工验收）、中小桥加宽需提前完成，抢路面垫层、基层、面层水泥混凝土基层是关键	在路面结构层摊铺时需要封闭共和左右幅进出匝道口（一般需6~8h）各1次；封闭右幅出入匝道前左右幅中央分隔带交通转换各1次	
1	第二次交通转换（整体转换至左幅行车）	2019.1	中央分隔带摆设隔离措施，交通转换		2标加上江罗共建段：3标、4标第二段13.005km		2019.1—2019.2（2018.10）		江罗共建段可以直接封闭章中间左右幅施工中央分隔带，不受交通分隔带制约	

续上表

序号	工序内容	时间	主要施工内容	主要工程内容和数量	控制性工程量、工程名称、节点工期	投入设备	控制性工程工期分解	关键路径（重点项目）	衔接段、薄弱点分析（应对措施或方案）	备注
第二阶段	右幅交给施工单位维持左向四车道全部转换至新建桥通行（石步河段）	2019.1—2019.12	右幅全部路基填土和交工验收、结构物改造	2标：从K46+600至尾K80+000右幅全部封闭改造中心隔离带（右幅侧）。3标：拆建3道涵洞（右幅）	1~4标2019年1月完成右幅路基填土、结构物改造，进行路基交工验收		2019.1—2019.6	1标、2标：右幅加宽段路基交工验收必须在2018年9月底完成，在2019年可以开展右幅路面结构层施工	司前互通右幅主线，F、G匝道封闭区域路基加宽路面结构层施工需对面匝道部分车道出入匝道部封闭6~8小时，各1次，在交通转换后期	
	右幅中小桥处理（拆除旧梁板更换新梁和铺装层）			1标：拆桥10座（含加宽段，下同）、架梁248片。2标：拆桥5座、架梁145片。3标：拆桥12座、架梁405片。4标：拆桥11座、架梁356片（不含石步河桥）	3标、4标架桥面系及桥面板架设（1标、2标需考虑架梁通道问题，但不是关键路径）	4标：投入桩机10台，其中右幅6台，左幅4台	2019.7—2019.10（2019.3—2019.6）	1标、3标、4标：既有线中小桥桥面板拆除与加宽段桥面架设；右幅通道较顺畅，但左幅绕行便桥或利用G325作为纵向运输为关键路径	架梁顺序、通道同题需要根据施工总体进度，在适当时间专题例会研究	全线换板1269片，扩建新增1120片，合计预制2389片（空心板1919片，小箱梁470片）
	石步河桥既有左、右幅拆建			全桥19跨，旧桥拆建桩基88根，小箱梁152片主要是20m、32m、40m小箱梁及部分等跨径(17.892m、23.277m、26.5m)	石步河桥左、右幅旧桥同步拆建（含基础和下部构造、盖梁、架梁、桥面系、沥青层铺装、伸缩缝）。右幅必须在2019年9月底完成架梁和桥面板，左幅2019年10月前完成架梁和桥面系		2019.1—2019.10	石步河桥右幅拆建是基本控制点的工期控制点		

续上表

序号	工序内容	时间	主要施工内容	主要工程内容和数量	控制性工程名称工程量、节点工期	投入设备	控制性工程工期分解	关键路径（重点项目）	衔接段、薄弱点分析（应对措施或方案）	备注
第二阶段	右幅交给施工单位维持左幅双向四车道行车（石步河段全部转换至新建桥通行）	2019.1—2019.12	路面右幅（含加宽段）施工至面层（含罩面）	垫层5.2万m³，水稳11万m³，C40混凝土8.2万m³，ATB沥青碎石下面层4.2万m³，中面层2.65万m³，上面层2.75万m³	路面水稳、混凝土基层，面层（含罩面）、标志线	2标：投入2台8方水泥搅拌楼，2台水稳拌合楼，2套水稳摊铺设备，1套水泥混凝土滑模摊铺机（根据工期需要增加三轴）。	2019.7—2019.12（2019.7—2019.9）	路面标（2标）中央分隔带改造，桥范围内路面摊铺，右幅加宽剩余路段路基交工验收，摊铺水泥混凝土拌和楼产能是关键	共和互通，司前互通主线与出入应道之间施工时需要封闭一个车道进行（正常封闭时间约6小时），各1次	标志标牌安装
2	第二次交通转换（整体转换至右幅行车）	2020.1（7天）	中央分隔带摆设隔离措施、交通转换、柱跨线牌、改造		2标加上江罗共线段；3,4标第二段13.005km		（2019.10—2019.11）			交通疏导标识标牌
第三阶段	左幅全部交给施工单位，维持右幅双向四车道行车	2020.2—2020.6	左幅路基内全部结构物改造，中央分隔带改造，硬路肩开挖除及回填	2标：从K46+600至标尾K80+000左幅全部封闭改造中央分隔带3道涵洞	硬路肩挖除回填，2019年11月开始，2020年4月完成		2020.1—2020.4（2019.10—2019.12）	路面标的中央分隔带改造是关键路径中的重点		
	左幅中小桥换板处理			1标：拆桥10座，架梁138片。2标：拆桥5座，架梁91片。3标：拆桥12座，架梁220片。4标：拆桥11座，架梁156片	换板及桥面系，桥梁		2020.2—2020.6（2019.10—2019.12）	1～4标：拆桥、架梁、桥面系，纵向通道其中、纵向通道是关键和难点	架梁通道是关键，架梁节点关键时间要跟进前期进度需要明确	

续上表

序号	工序内容	时间	主要施工内容	主要工程内容和数量	控制性工程名称、工程量、节点工期	投入设备	控制性工程工期分解	关键路径（重点项目）	衔接段、薄弱点分析（应对措施或方案）	备注
第三阶段	左幅全部交给施工单位，维持右幅双向四车道行车	2020.2—2020.6	中央分隔带改造（靠左幅侧）、硬路肩挖除回填	33.4km 中分带改造，左幅 27.1km 硬路肩挖除回填	硬路肩挖除回填，2020年2月开始，2020年4月完成			2020年2月交通转换完成开始施工		
			路面左幅（含加宽段）施工至面层（含罩面）	换梁部位路面结构层，中面层1.4万m³、上面层约1.4万m³	硬路肩中下面层，左幅罩面（含加宽），标志线	2标：投入1套沥青混凝土摊铺设备	2020.4—2020.8（2020.1—2020.3）			
3	第三次交通转换，开放左幅2车道+右幅4车道，封闭左幅2车道，最早通车左幅2车道进行最后一次罩面	2020.9	工程扫尾，对全线遗留问题通过短范围临时交通转换处理	左幅加宽段上面层罩面：约1.3万m³			2020.9（2020.3—2020.4）	左幅加宽段上面层罩面。局部交叉口封闭维修	共和互通、司前互通主线与出入匝道之间罩面施工时需要封闭一个车道进行（正常封闭时间约6小时，各1次	

注：表中"控制性工程工期分解"栏中括号中工期为1标，2标中括号中工期为1标，2标独立工期。

附表 5

佛开高速公路南段改扩建项目各标段交地情况及主要部署

第一标段	交地情况	1标需交地265亩，截至4月初完成软基102亩，完成比例39%，其中K46+600～K48+200，K50+250～K52+250段基本未交地，对整体进场影响较大	
	关键节点进度	①2017年12月底完成软基处理、挡土墙、涵洞接长	②2018年2月底完成路基填筑及挖方施工
		③2018年3月开始路基交工验收	④2018年3月开始完成左右幅拼宽部分桩基施工
		⑤2018年2月开始架梁施工	⑥2018年9月底前完成左右幅拼宽交通转换
	总体工期	2019年7月底基本完成土建施工	
	预估产值	2017年8月底前完成产值1270万元，2017年12月底前完成产值7600万元，2018年1月底前完成产值约9540万元（不含临建产值）	
第二标段	交地情况	2标用地115亩，已完成比例61%，其中K59～K61段交地较少，施工面不能全面展开	
	关键节点进度	①2017年10月底完成软基处理、涵洞接长	②2018年1月底前完成路基填筑，挖方施工
		③2018年2月开始路基交工验收	④2018年3月底前完成左右幅拼宽部分桩基施工
		⑤2018年3月底前完成左幅拼宽交通转换	
	总体工期	2019年5月底基本完成土建施工；②2019年11月底完成路面施工	
	预估产值	2017年8月底前完成产值590万元，2017年12月底前完成产值2000万元，2018年1月底前完成产值约2100万（不含临建产值）	
第三标段	交地情况	3标用地面积240亩，交地面积89亩，交地比例37%，其中K69+000～K73+400段交地较少，施工面不能全面展开	
	关键节点进度	①2017年11月底前完成涵洞接长	②2017年12月开始路基交工验收
		③2018年2月底前完成路基填筑及挖方施工	④2018年3月开始路基交工验收
		⑤2018年3月底前开始架梁施工	⑥2018年9月底前完成左幅拼宽交通转换
	总体工期	2019年9月底基本完成土建施工	
	预估产值	2017年8月底前完成面积930亩，2017年12月底前完成产值6850万元，2018年1月底前完成产值约8200万元（不含临建产值）	
第四标段	交地情况	4标用地面积437亩，已交地267亩，交地比例61%，其中K69+000～K73+400段交地较少，水泥搅拌桩、管桩施工是近期需要关注的重点	
	关键节点进度	①2017年11月底前完成涵洞接长、水泥搅拌桩、管桩施工	②2018年3月底前完成路基填筑，开始交工验收路基
		③2018年3月底前完成左右幅拼宽部分桩基施工，启动架梁	④2018年9月底前完成左幅拼宽交通转换
	总体工期	2018年2月底完成左幅拼宽部分桩基施工	
	预估产值	2017年12月底前完成650万元，2017年12月底前完成产值9750万元，2018年1月底前完成产值11800万元（不含临建产值）	

注：两个预制梁场产梁之和要求不小于160片/月，即要求每个梁场必须具备每天生产3片的生产能力，每个梁场存梁能力不小于200片。

项目档案管理工作标准   附表6

类别	标 准 文 件
国家标准	《科学技术档案案卷构成的一般要求》(GB/T 11822—2008)
	《转发国家档案局国家发展和改革委员会关于印发〈重大建设项目档案验收办法〉的通知》(粤档发〔2006〕32号)
	《关于印发公路建设项目文件材料立卷归档管理办法的通知》(交办发〔2010〕382号)
	《转发交通部〈交通建设项目档案管理登记办法〉〈交通建设项目档案专项验收办法〉和〈交通档案进馆办法〉的通知》(粤交办函〔2007〕1518号)
	转发交通运输部关于印发公路建设项目文件材料立卷归档管理办法的通知(粤交办函〔2010〕1888号)
	《关于印发〈广东省交通运输厅关于公路建设项目档案的管理办法〉的通知》(粤交办〔2012〕406号)
	《关于印发公路工程竣交工验收办法实施细则的通知》(交公路发〔2010〕65号)
	《关于加强广东省重大建设项目档案工作监管的通知》(粤档发〔2015〕61号)
	《建设项目电子文件归档和电子档案管理办法》(粤交〔2017〕9号)
项目管理处文件	《关于广东省三堡至水口公路改扩建工程档案库房设置要求的通知》(佛开南〔2017〕77号)
	《关于印发广东省三堡至水口公路改扩建工程竣工文件编制办法的通知》(佛开南〔2018〕351号)
	《关于印发广东省三堡至水口公路改扩建工程佛开高速公路南段改扩建项目管理处建设项目档案管理办法的通知》(佛开南〔2017〕218号)
	《关于广东省三堡至水口公路改扩建工程重大建设项目档案工作规划的报告》(佛开南〔2017〕246号)
	《关于印发广东省三堡至水口公路改扩建工程档案工作评比办法的通知》(佛开南〔2019〕13号)

电子化档案移交文件清单

附表7

立项审批文件			
序号	名称	保管期限	收集整理单位
1	项目建议书及审批文件	永久	项目法人（建设单位）
2	可行性研究报告及审批(核准)文件		
3	可行性研究报告的评估及行业主管部门对可行性研究报告的审查意见		
4	专家对可行性研究报告的评审意见		
5	环境影响评价报告书及批复		
6	项目用地预审意见		
7	水土保持方案及审批文件		
8	文物调查、保护、矿产资源调查等文件		
9	其他文件资料		

设计基础文件			
序号	名称	保管期限	收集整理单位
1	工程地质、水文地质、勘察设计、勘察报告、重要土岩样说明	永久	项目法人（建设单位）
2	水文、气象等其他设计基础材料		

设计文件			
序号	名称	保管期限	收集整理单位
1	初步设计文件及审批文件、专定审查意见及审查会议纪要	永久	项目法人（建设单位）
2	施工图设计文件及审批文件		
3	设计后服务函(变更通知单)		

工程管理文件			
序号	名称	保管期限	收集整理单位
1	建设用地选址意见及红线图	永久	项目法人（建设单位）
2	建设用地申请及批复		
3	占地图及土地使用证		
4	征地拆迁文、合同、协议、征用土地数量一览表、拆迁数量一览表		
5	供电、供水、通信、排水等协议		
6	施工许可批准文件		
7	质量监督申请书及质量监督通知书，质量监督机构印发的质量监督文件		
8	建设前原始地形、地貌状况图、照片		
9	招标(含公告)、投标、评标文件及中标通知书，工程合同文件及协议书		
10	技术规范的补充、修改文件		
11	与各单位(监理、施工、政府部门等)往来文件(包括工程质量、进度、费用控制、安全等)		
12	项目法人单位组织召开的工地例会、专题纪要		
13	声像材料(重大尘埃、重大事故处理)		
14	经批准的新技术应用资料		
15	其他文件材料		

续上表

施工文件			
序号	名称	保管期限	收集整理单位
1	合同段开工申请及批准文件(含施工组织设计方案)及附属文件	永久	施工单位
2	技术交底、图纸会审纪要		
3	开工前的交接桩记录、控制点的复测、施工控制点的加密工程定位(水准点、基准点、导线点)测量、复测记录		
4	工程及设计变更		
5	施工日志、大事记		
6	永久性水准点坐标图、建筑物坐标高程测量记录		
7	沉降、位移观测记录、桥梁荷载试验报告、桥梁基础检验汇总资料		
8	各项标准及工艺试验资料		
9	工地试验室管理文件(工地试验室资质文件、仪器标定证书、台账等)		
10	原材料(产品)质量保证文件		
11	各种原材料、半成品、成品、混凝土预制件合格证及抽检、试验记录及产品、设备说明书、合格证及检验报告、质量鉴定报告		
12	单位、分部和分项工程质量评定文件	30年	施工单位
13	单位、分部和分项工程开工批准文件		
14	各工序施工、试验、检测及报验文件		
15	隐蔽工程验收记录		
16	混凝土配合比设计报告、配料单		
17	砂浆强度、混凝土强度、焊接、压实度、弯沉等检测报告及汇总表		
18	预应力张拉、压浆检查记录		
19	桩基检测报告		
20	机电、监控设备安装调式及性能考核记录		
21	桥梁工程风险评估报告、专项施工技术方案		
22	事故情况及调查处理报告、补救后达到要求的认可证明文件		
23	施工中遇到的非正常情况记录、处理方案及观察记录,对工程质量影响分析		
24	与各单位(监理、建设单位)的往来文件(包括工程质量、进度、费用控制、安全等)		
25	计划进度报表		
26	工程声像材料(隐蔽工程、关键工程、桥梁隧道等结构物重点部位施工)		
27	试验检测及试验原始记录本		
28	其他文件材料		

续上表

监理文件				
序号	名称		保管期限	收集整理单位
1	监理规划、监理大纲和监理实施细则及批复		30年	监理单位
2	与各单位(监理、建设单位)的往来文件(包括工程质量、进度、费用控制、安全等)			
3	工程计量支付文件			
4	监理通知(指令)、开(停、复)工令、变更令			
5	监理旁站记录、平行检测及独立抽检文件			
6	监理单位组织召开的工地例会、专题纪要			
7	单位、分部和分项工程质量评定文件			
8	监理日志			
9	监理声像材料(质量问题方面)			
10	试验检测及试验原始记录本			
11	其他文件材料			
竣工文件				
序号	名称		保管期限	收集整理单位
1	交竣工验收文件		永久	项目法人(建设单位)
2	建设、设计、施工、监理单位工作报告			
3	质量监督机构出具的交工验收质量检测意见			
4	质量监督机构出具的竣工验收质量鉴定报告			
5	质量监督机构质量监督报告			
6	试运行记录、检测、观测记录及成果报告、缺陷整改文件 材料			
7	单项验收文件			
8	接管养单位项目使用情况报告			
9	工程结算、决算报告及审计报告			
10	竣工图			
11	其他文件			
科研文件				
序号	名称		保管期限	收集整理单位
1	课题报告、任务书及批准文件		永久	项目法人(建设单位)
2	研究方案			
3	试验记录、分析计算数据			
4	专家评审及技术应用文件			

参 考 文 献

[1] 中国工程咨询协会.工程项目管理指南[M].天津:天津大学出版社,2013.
[2] 刘伊生.建设工程项目管理理论与实务[M].2版.北京:中国建筑工业出版社,2018.
[3] 刘伊生.建设工程招投标与合同管理[M].2版.北京:北京交通大学出版社,2014.

后　　记

佛开高速公路南段(三堡至水口段)进一步联动了佛山与江门两市,充分融合两地的经济与文化,同时也是加快建设粤港澳大湾区的重要之路。

这是一条联动佛山与江门两地、造福沿线百姓的惠及民生之路。

这是一条标准要求高、质量要求高、建设速度快的高效优质之路。

这是一条采用代建制模式,探索新型高速公路发展模式的共建合作之路。

这是一条贯彻绿色理念,将环境保护与地域文化有机结合的人文景观之路。

这是一条融合新材料与新技术,开创公路改扩建项目先河的科技创新之路。

佛开高速公路南段改扩建项目即将落地,项目在确保高质量的前提条件下,用2.5年的时间完成了3.5年的改扩建任务,并实现了改扩建项目投资费用不超概的奇迹。回望过去,佛开高速公路南段改扩建项目全过程中的创新亮点,为未来改扩建项目的顺利开展提供了经验参考。项目伊始,党建引领团队思想、协作共赢的管理团队、预字当先的优化方案为项目的开篇谋划奠定了坚实的基础;项目进展之时,统筹优化、整体考虑、精准管控,提前预判交通运输风险、全过程造价管控、创新质量管理手段为项目的顺利开展铺平了前进的道路。项目以制度创新激发团队活力,双重手段激励团队绩效、双套制管理项目档案为工程的顺利交、竣工验收提供了强有力的保障。

相信未来的佛开高速公路将不断惠及民生,便利沿线居民,创造更大的经济效益与社会效益。